Archibald Oswald MacRae

Die religiöse Gewissheit bei J.H. Newman

Archibald Oswald MacRae

Die religiöse Gewissheit bei J.H. Newman

ISBN/EAN: 9783744638654

Hergestellt in Europa, USA, Kanada, Australien, Japan

Cover: Foto ©Lupo / pixelio.de

Weitere Bücher finden Sie auf **www.hansebooks.com**

Die
religiöse Gewissheit

bei

J. H. Newman.

Inaugural-Dissertation

der

ohen philosophischen Fakultät d. Gesamt-Universität Jena

zur

Erlangung der Doktorwürde

vorgelegt

von

Archibald MacRae,

aus Quebec.

Jena
Druck von Bernhard Vopelius
1898.

Genehmigt von der philosophischen Fakultät der Universität Jena auf Antrag des Herrn Professor Dr. EUCKEN.

Jena, den 2. August 1898.

Geh. Hofrat Professor Dr. **Thomae,**

z. Zt. Dekan.

Inscribed

to

My Father

in deepest gratitude.

Inhalts-Verzeichnis.

Leben Newman's.

John Henry Newman wurde am 21. Februar 1801 in London geboren, wo sein Vater John Newman ein wohlhabender Bankherr war. Seine Mutter stammte aus einer alten Hugenotten - Familie. Der älteste von sechs Geschwistern wurde er, wie sein Landsmann, der berühmte Ruskin, àngehalten die Bibel fleissig zu lesen und in streng kalvinistischen Anschauungen erzogen. Das letztere hatte einen grossen Einfluss auf sein ganzes Leben und Denken. Schon im Alter von 16 Jahren studierte er mit lebhaftem Interesse vornehmlich Kirchengeschichte. Während er sich noch als Student im Trinity College in Oxford befand, verlor sein Vater den grössten Teil seines Vermögens, und so war Newman genötigt, seinen Universitätsbesuch kürzer zu gestalten, als er beabsichtigt hatte. Im Jahre 1823 erhielt er seinen Grad und wurde Fellow des Oriel College in Cambridge. Er blieb dort bis zum Jahre 1826, wo er zum Tutor des Trinity College seiner Alma mater und im folgenden Jahre zum Examinator des Bachelor of Arts Grades ernannt wurde. Bis zum Jahre 1827 schwankte er in seiner geistigen Richtung. Die Einflüsse des Rationalismus schwanden in seiner Seele. Um sein Denken zu fördern, wandte er sich dem Studium der Kirchengeschichte und besonders der Kirchenväter zu. Ueberarbeitung zwang ihn im Jahre 1830, ins Ausland zu gehen. Drei Jahre lang bereiste er in Gesellschaft seines glänzend beanlagten Freundes Hurrel Froude Italien und Südeuropa. Während dieser Erholungsreise schrieb er verschiedene lyrische Gedichte (Lyra Apostolica), die von entschiedener poetischer Kraft zeugten. Im Jahre 1833 kehrte er mit dem Gedanken, dass er eine Lebensaufgabe zu erfüllen hätte, nach England zurück. Er schloss sich einer Gesellschaft junger Gelehrter Oxford's an, welche mit ihm überzeugt waren, dass die Rechte der Nationalkirche ernstlich durch die feindliche Haltung der herrschenden politischen Partei bedroht wären. Zur Verteidigung ihrer Kirche und ihres Glaubens begannen diese jungen Oxforder Gelehrten, eine Reihe von Traktaten oder Pamphleten zu veröffentlichen, um dem Geiste des Rationalismus und der Nichtorthodoxie Einhalt zu thun, der nicht nur allgemein unter den gebildeten Klassen, sondern auch im Schosse der Kirche selbst herrschte. So begann die berühmte Oxforder Bewegung.

Das Grundprinzip dieser neuen Bewegung war dogmatisch. In der Religion wollte sie nur eine Lehre anerkennen, welche „bestimmt und objektiv war, einen Glauben an eine sichtbare Kirche mit Sakramenten und Riten zur Ausspendung einer unsichtbaren Gnade." In einer Reihe von „Traktaten für die Gegenwart", die zwischen 1833 und 1843 erschienen, wurde der innere Sinn der anglikanischen Kirche und ihre äusseren Beziehungen zu anderen Glaubensbekenntnissen und zu dem Staate auseinandergesetzt und erörtert. Aber während dieser Jahre und zum Teil vor 1833 veröffentlichte Newman verschiedene wichtige Werke. Im Jahre 1832 erschien seine Geschichte der Arianer des vierten Jahrhunderts. Während des Jahres 1837 veröffentlichte er eine Biographie der englischen Heiligen, einen Band über Athanasius, sowie über den Nachlass seines Freundes Hurrel Froude. In demselben Jahre gab er seine „Vorlesungen über das Prophetenamt der Kirche" heraus und entwickelte darin seine wohlkannte Via media-Doktrin.

Es war das ein Versuch, zu zeigen, dass der Katholizismus der anglikanischen Kirche, „die Religion von Andrews, Laud, Hammond, Butler und Wilson" die wahre Kirche wäre, der Mittelweg zwischen Katholizismus und Protestantismus. Um diese Zeit und bis 1841 war er Vikar an der St. Maria-Kirche in Oxford und übte dort durch seine Predigten und seine Persönlichkeit einen äusserst mächtigen Einfluss auf das religiöse Denken der ganzen Universität aus.

Die Veröffentlichung der Traktate erregte das Interesse und die Aufmerksamkeit im höchsten Grade. Der neunzigste Traktat rief wegen seiner römisch-katholischen Tendenzen einen solchen Oppositionssturm hervor, dass Newman, als der Verfasser desselben, von seinem Bischof aufgefordert wurde, aufzuhören. Er gab sein offizielles Verhältnis zur Universität auf und lebte zurückgezogen auf einem Dorfe Littlemore.

Seit 1839 hatte er die Ketzerei der Monophysiten zu seinem speziellen Studium gemacht. Dieses und die wiederholte Beschäftigung mit der Lehre des Arius veranlassten ihn, seine Mittelwegtheorie aufzugeben, da er in den ersten Jahrhunderten keine solche Kirche fand. Er kam schnell zu dem Schlusse, dass es vom Standpunkte der anglikanischen Kirche nur zwei Alternativen gäbe, den Weg nach Rom oder den Weg zum Atheismus. Sein Studium der Entwicklung der christlichen Lehre überzeugte ihn, dass die römische Kirche allein die Wahrheit habe. Infolgedessen trat er im Jahre 1844 zur römisch-katholischen Kirche über.

Nachdem er im Jahre 1847 einige Zeit in Rom und in katholischen Asylen Englands gelebt hatte, ging er nach Dublin — 1853 —, um eine römisch-katholische Universität zu gründen. Nach kurzer Zeit musste aber dieser Versuch aufgegeben werden.

Nach seiner Rückkehr nach England ging er nach Birmingham und verwandte seine Zeit auf die Erziehung der Söhne wohlhabender Katholiken, auf Armenpflege und auf die Ausübung seiner Priesterpflichten. Unmittelbar vor seinem Uebertritte veröffentlichte Newman fünfzehn Reden, gehalten vor der Universität Oxford zwischen 1826 und 1843. und seine Essays über Bibelwunder. Später erschienen einige Bände Reden, eine grosse Anzahl von kritischen, historischen Essays, Untersuchungen und Kontroversen. seine Apologia pro Sua Vita, sein Essay über eine Grammatik der Zustimmung und die beiden Romane „Callista" und „Verlust und Gewinn".

Im Jahre 1879 wurde er vom Papste Leo IX. zum Kardinal ernannt. Er starb 1891 im Alter von 90 Jahren im Oratorium in Birmingham.

Einleitung.

Die Glaubensphilosophie mit dem Problem der religiösen Gewissheit, mit welcher der Kardinal Newman während des grösseren Teiles seiner Lebenszeit gerungen hat, ist seit der Morgendämmerung der Zivilisation immer eines von den Problemen des Menschengeschlechtes gewesen, das seine Kräfte mit am meisten in Anspruch genommen hat.

Seit den Tagen Kant's aber ist jenes Problem mit besonderer Kraft hervorgetreten. Und gegenwärtig ist vielleicht ein grösseres Interesse an den Fragen des Ursprungs, der Bedeutung und Geltung des Inhalts der Religion vorhanden, als je zuvor. Das zeigt sich in den religiösen Theorien so verschiedener Schulen des Denkens, wie der Neu-Kantianer, der ethischen Idealisten und der Ritschlianer. Diese verschiedenen Schulen deuten nicht nur auf eine Verschiedenheit von Gesichtspunkten, von welchen die Religion und ihre Gewissheit betrachtet werden kann, sondern auch auf die grosse Schwierigkeit, den Inhalt der religiösen Erfahrungswelt systematisch darzustellen. Getreu ihrem grossen Meister verneinen die heutigen Neu-Kantianer die Möglichkeit der theoretischen Beweisführung in der Sphäre der Religion und der Moralität. Nach ihnen hat Kant ein und für alle mal gezeigt, dass alle früheren Versuche, durch die Metaphysik, durch Theologien und Theodizeen objektive Beweise zu finden, vergeblich sind. Einem jeden solchen Beweise kann ein gleich starker Gegenbeweis entgegengestellt werden; es entsteht ein Kampf von Antinomieen. Der einzige Ausweg, um dem daraus entspringenden Skeptizismus zu entgehen, ist der Kritizismus.

Die Wissenschaft beginnt und endet mit den Thatsachen der sinnlichen Erfahrung. Wenn es noch etwas anderes in der menschlichen Natur giebt, so ist das subjektiv und muss nach anderen Grundsätzen und Massstäben behandelt werden, als nach denen der reinen Erkenntnis. Die Idealwelt des Seinsollenden hat keine wissenschaftliche Wahrheit. Wenn sie nichtsdestoweniger unerschütterlich gewiss ist, so ist das in ihrem moralischen Wert begründet. Die Realität der Religion sowohl, als der Moralität findet danach ihre rechtsgiltige Grundlage in dem Willen. Sie sind sozusagen Gemütspostulate, und werden natürlicher und notwendigerweise genau so lange existieren, als der Mensch sowohl ein Geschöpf des Willens und des Gefühls, als des Denkens ist.

Diese Schule leugnet, dass die Religion irgend etwas mit der Metaphysik zu thun hat. Die Religion entspringt aus dem Kontraste der äusseren Abhängigkeit des Menschen von der Natur und seiner inneren Freiheit, seiner äusseren Bedingtheit und seiner inneren, übernatürlichen Geistesbestimmung. Sie kann nicht zur Metaphysik gehören, da diese eine Wissenschaft von dem letzten Grund der Dinge überhaupt ist und keine Beimischung anthropologischer und verworrener Vorstellungen duldet.

Die ethischen Idealisten sehen den Kern der Religion überhaupt in einer sittlichen Weltordnung, einer Macht, die nach Gerechtigkeit strebt. So gründen sie die Religion auf ein Moralprinzip, die Idealwelt des Seinsollenden. Die

Neu-Hegelianer von heute sehen sowohl objektive als subjektive Elemente in diesem Problem. O. Pfleiderer findet als Thatsache die wirkliche und äusserlich in Erscheinung tretende Entfaltung der Religion in der Geschichte, in zusammenhängenden und von einander in Abhängigkeit stehenden Perioden.

Die Religion hat demnach ihren tiefsten Grund darin, eine innere Erfahrungsthatsache oder Disposition des Herzens zu sein. Aber sowohl nach Pfleiderer[1] als nach Biedermann[2] liegt in der Religion ein theoretisches Element, das ebenso wichtig ist wie das praktische. Infolgedessen behaupten sie, dass die Religion mit der Metaphysik versöhnt werden könne. Die Religion kann bearbeitet, geläutert und von ihren Widersprüchen befreit werden. Kurz, sie kann aus der Sphäre verworrenen in die Sphäre reinen Denkens erhoben werden.

Die Ritschlianer nehmen die Kantische, durch Lotze übermittelte Behauptung zum Ausgangspunkte, dass der Glaube an eine moralische Weltordnung dem Menschen natürlich und notwendig ist; denn der durch die höchsten Zwecke der Humanität determinierte Wille ist eine notwendige und natürliche Erbschaft des Menschen, als eines Gliedes der menschlichen Familie. Die Gewissheit in der Moralität ist demnach auf dem Werturteile, und die Gewissheit des religiösen Glaubens auf moralischen Postulaten, insbesondere auf dem Sittengesetze, begründet. Der einzige mögliche Beweis der Wahrheit der christlichen Religion ist nach einem neueren Werke[3] eines Ritschlianers „die an den ganzen Menschen sich wendende Darlegung, dass die Idee von einem geschichtlichen Beruf und Ziel des Menschheitslebens, oder die notwendige Idee von einem höchsten Gut in dem diesseitigen und jenseitigem Gottesreich des Christentums ihre Erfüllung finden".

Aus dieser kurzen Skizze geht hervor, dass die Religionsphilosophie von einem objektiven, einem subjektiven oder kritischen Standpunkte, oder von einem subjektiven und objektiven Standpunkte behandelt werden kann. Wenn es aber in der Religion sowohl psychologische als metaphysische Elemente giebt, so ist es klar, dass die reinen Beweismethoden für eine zureichende, vollständige Darstellung ihres Inhaltes und ihrer Bedeutung nicht genügen.

---

[1] O. Pfleiderer, Religionsphilosophie, II. Aufl., 1884.
[2] Al. Em. Biedermann, Christliche Dogmatik, 1884/5.
[3] J. Kaftan, Die Wahrheit der christlichen Religion, 1888.

Das ist die negative Seite von Newman's Gedankengang. Positiv suchte er zu zeigen, dass die Gewissheit von dem Inhalte der Religion, und insbesondere der christlichen Religion, auf dem unmittelbaren Leben und auf der Geschichte beruht.

— — —

Darstellung von Newman's Lehre der religiösen Gewissheit.

Newman war ein Mann voll Geist und religiösen Sinnes. Er war kein Philosoph vom Fach, aber dennoch war sein ganzes Leben ein Kampf um die Gewissheit des religiösen Glaubens und der Ueberzeugung. Er studierte Kirchengeschichte, die Entwicklung der christlichen Lehre, das Verhältnis zwischen Glauben und Wissen, nicht um eine Religionsphilosophie zu schreiben, sondern um, wenn möglich, eine absolute Grundlage der Gewissheit für seine eigenen religiösen Ueberzeugungen zu finden.

Diese besondere Neigung für Religion zeigte sich schon sehr früh in ihm. Bereits als Knabe von neun oder zehn Jahren hatte er die materielle Welt für einen blossen Schein gehalten, welcher durch die Engel hervorgerufen würde[1]); und als er fünfzehn Jahre alt war, wurde er zu einem positiven Christentum bekehrt und empfing in seinem Geiste Eindrücke von den kirchlichen Dogmen, welche nie wieder erloschen[2]).

Aber bei all seiner Begeisterung für die Religion suchte er immer die Gewähr für die Wahrheit ihres Inhalts in etwas anderm als in sich selbst. Während er noch in Oxford war, las er die berühmte Analogie von Bischof Butler, deren Studium, sagt er, „für mich, ebenso wie für so viele andere, eine Aera in den religiösen Ueberzeugungen gebildet hat"[3]).

---

[1]) Apologia pro sua Vita, IV. Aufl., 1865, p. 54.
[2]) „Seit meinem fünfzehnten Jahr", sagt Newman in seiner „Apologia pro sua Vita" (p. 96), „war das Dogma fundamentales Prinzip meiner Religion. Ich kenne keine andere, ich vermag nicht in den Begriff einer anderen Religion einzudringen, Religion als blosses Gefühl ist mir ein Traum und ein Spott".
[3]) Apologia, p. 61.

Mit dem Lesen dieses Buches begann Newman's langes
Suchen nach religiöser Gewissheit; man kann das Studium
Butler's geradezu als die erste Stufe in diesen Bestrebungen
bezeichnen. Von Butler nahm er drei Ideen, von denen
zwei die grundlegenden Hauptprinzipien seines Denkens sind:
1. Die Unrealität der körperlichen Erscheinungen;
2. Die Lehre von der Wahrscheinlichkeit[1]). Die Behauptung Butler's, dass die Wahrscheinlichkeit die Führerin
des Lebens sei, führte Newman zu der Frage der logischen
Konsequenzen des Glaubens, über welches Gebiet er so
viel geschrieben hat.
3. Die Lehre vom Gewissen. Die Lehre der Wahrscheinlichkeit, wie sie von Butler dargestellt und verteidigt
wurde, genügte ihm nicht. „Die Gefahr dieser Lehre
liegt für viele Seelen in der Neigung, in ihnen die absolute Gewissheit zu zerstören, indem sie dazu verleitet
werden, jeden Schluss als zweifelhaft zu betrachten, und
darin, dass sie die Wahrheit in eine Meinung verwandelt,
welcher zu gehorchen oder zu der sich öffentlich zu be-
kennen man gut thut, welche man aber unmöglich mit
innerlicher Zustimmung umfassen kann. Wenn dies zugegeben würde, dann würde der berühmte Spruch: O Gott,
wenn es einen Gott giebt, rette meine Seele, wenn ich eine
Seele habe, der höchste Massstab der Andacht sein: wer
kann aber wirklich zu einem Wesen beten, über dessen
Existenz er in ernstem Zweifel ist[2]).“ Damals las er Keble's
„Christliches Jahr“, von dem man sagen kann, dass es sein
Denken mit dem Sauerteige der Romantik durchsetzt hat.
Das Lesen des christlichen Jahres bezeichnet eine Entwick-
lungsstufe von Newman's Denken.

In dieser schönen religiösen Dichtung lehrte Keble,
dass es in religiösen Dingen nicht die blosse Wahrscheinlichkeit ist, welche den Menschen innerlich überzeugt, sondern
die Wahrscheinlichkeit, mit welcher der Glaube und die
Liebe wuchert. Glaube und Liebe richten sich auf einen
Gegenstand; in der Vision jenes Gegenstandes leben sie: es
ist die Umfassung jenes Gegenstandes in Glauben und Liebe,
welche es als vernünftig erscheinen lässt, die Wahrscheinlichkeit als zureichend für die innere Ueberzeugung anzunehmen[2]).

---

[1]) Dies ist jedoch nicht Butler's, sondern Locke's Lehre. Butler's ur-
sprünglicher Beitrag zu der Philosophie der menschlichen Natur war seine
Lehre vom Gewissen.
[2]) Apologia, pag. 69.

In solchen Worten schildert Newman den grundlegenden Gedanken dieses englischen Klassikers und fügt folgenden höchst bedeutungsvollen Satz hinzu: „So ist das Argument der Wahrscheinlichkeit in der Religion ein Argument der Persönlichkeit geworden, welches in Wirklichkeit eine andere Form des Arguments der Autorität ist."

Aber obgleich Newman diese poetische Ansicht Kebles benutzte, so genügte sie ihm doch nicht, denn sie berührte nicht die Wurzel der Schwierigkeit; sie gab nicht einmal vor, logisch zu sein. Er versuchte deshalb, diesen Gedanken weiter zu entwickeln und zu vervollständigen. Diese Ergänzung oder Vervollständigung tritt in drei Werken zu Tage, welche eine dritte Stufe in der Erforschung der religiösen Gewissheit bilden.

In dem ersten dieser Werke analysiert er die Beziehungen zwischen Glauben und Wissen, aber in einer mehr oder weniger einleitenden und flüchtigen Weise, weil er noch erforscht, was für ihn ein beinahe unbekanntes Gebiet ist[1]). Diese Untersuchungen bilden die Propädeutik für ein späteres und reiferes Werk.

In dem zweiten („An Essay on Ecclesiastical Miracles") behauptet Newman, dass die Wunder nach ihrer grösseren oder geringeren Wahrscheinlichkeit betrachtet werden müssen. Das dritte Werk („An Essay on Development of Doctrine") ist zugleich das wichtigste und geistreichste davon.

Newman entwickelt darin eine meisterhafte Theorie von der Bedeutung der Kontinuität und Entwicklung in der Geschichte.

„Entwicklung ist", nach Newman, „das Keimen, das Wachsen und das sich Vervollkommnen" einer lebendigen, d. h. wirksamen Wahrheit in den Seelen der Menschen, während einer genügend langen Zeitfolge. Und sie hat diese notwendige Eigenschaft, dass sie, da ihr Gebiet die geschäftige Bühne des menschlichen Lebens ist, sich überhaupt nicht anders entwickeln kann, als dadurch, dass sie die Weise des Denkens und Handelns entweder zerstört oder modifiziert, oder mit sich verschmilzt[2]). Diese Untersuchung ist das Resultat, man kann sogar sagen, die psychologische Entwicklungsgeschichte von Newman's Gedanken während einer Reihe von Jahren. Seit langem hatte er danach gestrebt, eine absolute Grundlage der Autorität für die Dogmen der anglikanischen Kirche zu finden. Indessen

---

[1]) Oxford University Sermons, p. 10, ed. 1896.
[2]) Essay on Development, 10. Aufl., p. 38, 1897.

ist das Problem ersichtlicher Weise zu dieser Zeit für Newman nicht philosophisch; er kümmert sich nicht um die
logische Giltigkeit seines Glaubens oder der Dogmen im
Allgemeinen; es ist eine Frage der Vergleichung zwischen
den Bekenntnissen im Lichte seines neu entdeckten Prinzips
der historischen Entwicklung, um zu entscheiden, welches
das wahrste ist.
Rein logische Methoden werden hier nicht zureichen,
weil sie zu hoffnungslosem Skeptizismus neigen.

Die Geschichte zeigt, dass alle Philosophien, gleichviel
ob religiös oder nicht, gleich einleuchtend und in endlosen
Kontroversen verteidigt worden sind. Aber es giebt noch
eine andere Art von Kriterium. Wenn die Lebensfähigkeit
eines Bekenntnisses der Menge der darin enthaltenen Wahrheit angemessen ist, so werden die Thatsachen im Laufe
der Geschichte zeigen, welches das wahrste ist.

Es giebt sieben solche Kriterien, welche dazu dienen,
die echte Entwicklung von einer falschen und verderblichen
zu unterscheiden: 1. die Erhaltung des Gedankens; 2. die
Kontinuität der Grundsätze; 3. die Kraft der Assimilation;
4. eine frühe Vorempfindung, d. h. eine Wahrnehmung der
Anfänge der Grundsätze, welche später verbunden werden;
5. die logische Folgerichtigkeit. Dies bezieht sich auf die
Thätigkeit einer unerklärbaren Logik, welcher man sich
erst bewusst wird, nachdem der Entwicklungsprozess be-
endet ist; 6. erhaltende Zusätze, d. h. die hinzugefügten
Lehren dürfen das ursprüngliche Bekenntnis nicht gänzlich
verändern, sondern sie müssen es aufrecht erhalten; 7. zeit-
lich ununterbrochene Folge, d. h. die wahre Entwicklung
muss so viel Lebenskraft und Wahrheit enthalten, um durch
alle Zeiten fortzudauern [1] [2].

---

[1] Essay on Development, p. 171 ff.

[2] In seinem Werke (an Agnostic's Apology, 1893, p. 188) charakterisiert
Leslie Stephen Newman's Theorie der Entwicklung auf folgende Weise: Diese
Theorie der Entwicklung besitzt eine thatsächliche Analogie mit den wissenschaftlichen Theorieen, welche denselben Namen gebrauchen. Die Entwicklung
eines Glaubenssystems kann mit der Entwicklung einer Gattung unter natürlicher Zuchtwahl verglichen werden. Unter den Varietäten des Glaubens,
welche beständig hervorgebracht werden, besitzen einige die nötige Lebenskraft um ihre Fortdauer zu sichern, andere nicht. Manche Bekenntnisse
wiederum bestehen einige Zeit, obgleich ihr Lebensprinzip mehr künstlicher
als natürlicher Art ist. Sie sind Züchtungen von Tieren analog, welche durch
die Kultur erhalten werden, d. h. dadurch, dass man sie durch äusseren Zwang
unter ein besonderes Zusammentreffen von Umständen stellt. Sie leben in
unseren Gärten, würden aber umkommen, oder den ursprünglichen Typus wieder
annehmen, wenn man sie in die Wälder versetzte. Wie der Gärtner es fertig

Diese Theorie der Entwicklung setzte zwei Prinzipien voraus, welche er unter dem Namen des organum investigandi zu analysieren und zu erweisen strebte, um eine Basis der Gewissheit für die Religion im allgemeinen zu finden[1]). Das erste dieser beiden ist das Prinzip der Lebenskraft und der Unmittelbarkeit des Glaubens, — das zweite ist das Prinzip der unerklärbaren inneren Logik; bei diesem ist die absolute Gewissheit (Certitude), welche der Mensch zu besitzen imstande ist, die Folge einer Vereinigung von zusammentreffenden und konvergierenden Wahrscheinlichkeiten, gleichviel, ob in Bezug auf die Wahrheiten einer natürlichen Religion, oder in Bezug auf die Thatsache einer Offenbarung. Als er in einer späteren Zeit dieses organum investigandi analysierte, fand er sich dem folgenden Dilemma gegenüber. Er behauptete, dass wahre Zustimmung oder Glaube einfach oder kompliziert wäre, aber in beiden Formen absolut und unbedingt. Andererseits ist der Schluss, oder reines syllogistisches Denken, welches die erste Bedingung der Zustimmung ist, selbst bedingt[2]). Wenn die Gewissheit des Glaubens Geltung erhalten soll, so muss dieser scheinbare Widerspruch gelöst werden. Mit anderen Worten: Newman erkannte, dass sowohl Glaube als Schlussfolgerung Thatsachen wären, dass keine von beiden wegerklärt, noch eine durch die andere erklärt werden könnte; demnach gäbe es ohne Schlussfolgerung keinen Glauben und vice versa.

Zu gleicher Zeit bestände aber ein ununterbrochener Streit zwischen ihnen. Daraus ist ersichtlich, dass die Gewissheit nur erreicht und ihre Grundlage nur gesichert werden kann, wenn sie beide in Einklang gebracht werden. Bei der Lösung dieses Problems entwickelte Newman seinen Hauptgedanken, der in seiner endgiltigen Form folgendermassen dargestellt werden kann:

1. Der Schluss oder Syllogismus gilt nur im reinen Beweise, wo die Ausdrücke oder Zeichen vollständig definiert und bestimmt sind.

2. In Beziehung auf die Wahrheiten der Religion und das Konkrete im Allgemeinen kann die reine Logik nur auf Wahrscheinlichkeiten schliessen und sie endet darum zuletzt in Skeptizismus.

---

bringt, eine hybride Pflanze in seinen Treibhäusern zu erhalten, so erhält der Staatsmann das künstliche Gleichgewicht eines Staatskörpers, welcher, sich selbst überlassen, in seine natürlichen Elemente zerfallen würde.

[1]) cf. Apol., p. 70; a Grammar of Assent, new ed. 1895, p. 499.

[2]) Gram. Assent, p. 157—158.

3. Um den richtigen Weg zur Gewissheit zu finden, ist es nötig, ein anderes Prinzip der menschlichen Erkenntnis, nämlich den konkreten Schluss oder den ableitenden Sinn[1]) (Illative Sense) anzunehmen. 1. Newman's Erkenntnistheorie ist in einigen Beziehungen ihm durchaus eigentümlich. Er teilt die Urteile auf folgende Art ein. Propositionen können eine fragende, eine bedingte, oder eine kategorische Form haben[2]):

a) eine fragende, wenn sie eine Frage stellen, welche eine positive oder negative Antwort erlaubt;

b) eine bedingte, wenn sie einen Schluss ausdrücken (z. B. darum ist der Freihandel ein Vorteil) und zugleich eine Abhängigkeit von anderen Urteilen einschliessen;

c) eine kategorische, wenn sie schlechthin eine Behauptung aufstellen (z. B. Freihandel ist ein Vorteil), jede Bedingung oder jeden Vorbehalt ausschliessen, weder vorwärts noch rückwärts schauen, da sie ganz in sich beruhen und an sich schon vollständig sind.

So verschieden diese Urteile von einander sind, so folgen sie doch einander in natürlicher Ordnung; ein Urteil, welches eine Frage ist, kann in einen Schluss und dann in eine Behauptung verwandelt werden.

d) Das Etwas, welches die Verbindung zwischen ihnen herstellt, ist der Massstab für ihren Unterschied[3]). Diese drei Arten von Urteilen sind die Objekte von drei entsprechenden geistigen oder intellektuellen Handlungen, nämlich des Zweifels, des Schlusses und der Zustimmung.

Der Zweifel steht nicht in direkter Beziehung zu seinem Problem, er setzt es mit einer Bemerkung bei Seite. „Ich habe von Zweifel gesprochen", sagt er, „als von einer innern Ungewissheit, in welchem Sinne des Wortes „keine Zweifel über einen Satz haben" gleich ist mit einer von den beiden übrigen Handlungen, entweder dem Schluss oder der Zustimmung. Jedoch bedeutet das Wort oft die wohlüberdachte Bezeichnung einer Behauptung als einer un-

---

¹) Da illative sense kaum übersetzbar ist, so sei hier die entscheidende Erklärung Newman's angeführt: „The Illative Sense I have called the personal action of the rational faculty, to which is committed the sole and final judgment on the validity of an inference in concrete matter." (Essay, p. 345) cf. p. 26 ff. unten.

²) Essay, p. 344.

³) „A question has not yet got so far as to be a conclusion, though it is the necessary preliminary of a conclusion; and an assertion has got beyond being a mere conclusion, though it is the natural issue of a conclusion." Essay, p. 4.

2

gewissen. In diesem Sinne bedeutet Zweifel nichts anderes, als eine Zustimmung zu einem Satze, welcher mit der Behauptung nicht übereinstimmt[1])."

„Folgern"[2]), sagt er, „bedeutet ein Urteil in Beziehung zu anderen betrachten: „Einem Urteile zustimmen bedeutet, bedingungslos an die Wahrheit desselben glauben. Aber sowohl die Zustimmung als der Schluss fordern eine geistige Vorstellung; man kann diese geradezu als die Bedingung und Begleiterin derselben bezeichnen. Was bedeutet dann bei Newman Vorstellung? Unter Vorstellung von Urteilen wird das äussere Aufdrängen eines Sinnes oder einer Bedeutung der Glieder verstanden, aus denen sie sich zusammensetzen[3]). Die Glieder eines Urteils sind entweder abstrakt oder konkret. Wie die Nominalisten, unterscheidet Newman zwischen Universalien, welche durch Abstraktion hervorgebracht werden und keine objektive Realität besitzen, und den Individuen, welche einheitliche Realitäten sind. Gemäss dieser Unterscheidung teilt Newman die Urteile und die Vorstellungen, aus welchen der Mensch folgert, oder denen er zustimmt, in begriffliche und reale. Die reale Vorstellung ist die direkte und unmittelbare Erfahrung des Konkreten[4]).

In der begrifflichen Vorstellung sehen wir die Dinge nicht so an wie sie sind, sondern wie sie in Beziehung zu einander stehen[5]), daher nicht als etwas Einzelnes, sondern als etwas Allgemeines. Die Sprache ist hier von der Erfahrung geschieden und zur Abstraktion abgeschwächt: die Wörter werden zu weiter nichts als Logarithmen der Wirklichkeit. Wie gesagt, die Vorstellung ist die Begleiterin des Schlusses, aber die Vorstellung, welche den Schluss begleitet, ist begrifflich, denn die Schlussfolgerung arbeitet sowohl in den Prämissen, als in dem Schlusse mit begrifflichen Urteilen.

Nach Newman ist Schlussfolgerung die formale logische Folge oder ein syllogistisches Urteil. „Lasst die Wörter Symbole, lasst alle Gedanken in Worten gefesselt und in ihnen verkörpert sein; lasst die Sprache ein Monopol auf den Gedanken haben und das Denken nur insoweit gleich-

---

[1]) Apologia, p. 15 und Essay, p. 7.
[2]) Das Wort ist bei Newman etwas zweideutig. Bisweilen bedeutet es die Thätigkeit des Verstandes oder die Operation selbst, anderwärts dagegen das Resultat des Prozesses, den Abschluss der Operation. Der Zusammenhang zeigt jedoch, in welchem Sinne das Wort gebraucht ist.
[3]) Essay, p. 9. [4]) ibid., p. 23. [5]) ibid., p. 31.

berechtigt sein, als es seinen Wert durch die Sprache beweisen kann. Lasst jede Zuflüsterung des Geistes unbekannt
sein, jedes Moment des Beweisgrundes abgeleugnet werden,
welches keinen entsprechenden Ausdruck als seinen Be-
rechtigungstitel besitzt, um an der allgemeinen Forschung
nach der Wahrheit teilzunehmen. Lasst die Autorität der
Natur, des gesunden Menschenverstandes, der Erfahrung
des Gehirns für nichts gelten. Das so eingeschränkte und
eingeengte Denken habe ich Schlussfolgerung genannt und
die Wissenschaft, welche ihr regulierendes Prinzip bildet, ist
die Logik[1]." Der Zweck dieser Schlussfolgerung ist nach
den Logikern: a) eine Beurteilung und b) ein gemeinsames
Mass, oder einen Massstab des Denkens[2]) zu verschaffen.
Newman giebt zu, dass das soweit gelingt, als Wörter ge-
funden werden können, um die zahllosen Verschiedenheiten
und Feinheiten des Denkens darzustellen; es misslingt in-
sofern, als nicht alle Gedanken in Worten ausgedrückt
werden können.

Aus dem oben Gesagten geht hervor, dass je näher
die Urteile, welche dem Schlusse zu Grunde liegen, den
Abstraktionen des Verstandes stehen, je weniger sie mit
der konkreten Wirklichkeit zu thun haben, je genauer
sie die bestimmten, verständlichen, mitteilbaren Begriffe ausdrücken, und je weniger sie für objektive Dinge stehen,
d. h. je mehr sie die Subjekte nicht der wirklichen, sondern
der begrifflichen Vorstellung bedeuten, um so passender
werden sie für die Zwecke der Schlussfolgerung[3]).

Mit anderen Worten, die mathematische Wissenschaft
und die symbolische Logik sind die Wissenschaften par
excellence für die Schlussfolgerung: sie genügen allen
Forderungen und dem Massstab der logischen Schlussfolgerung.

2. Logisch sprechen, heisst unwiderlegbar sein. Muss
man aber nicht zugeben, dass dieses Universum ebenso
wenig durch die Phantasie als logisch aufgefasst werden
kann? So wenig die Welt zu einer idealen Vollkommenheit
erhoben werden kann, so wenig kann sie in eine logische
Form gezwängt werden. Abstraktes kann nur zu Ab-
straktem führen; aber das Denken muss notwendig zum
Konkreten gelangen. Der Abstand zwischen den abstrakten
Schlüssen der Wissenschaft der Schlussfolgerung und der
zu erreichenden konkreten Wirklichkeit reduziert die Leistung

---

der schlussmässigen Methode auf die blosse Bestimmung des Wahrscheinlichen.

Es liegen zwei Gründe vor, warum dies wahr ist; warum die Schlussfolgerung in Fragen des Konkreten und des Thatsächlichen nur Wahrscheinlichkeiten ergeben kann:

a) Weil ihre Prämissen angenommen, aber nicht bewiesen sind.

b) Weil die daraus gezogenen Schlüsse abstrakt und nicht konkret sind[1]).

a) Die Beweise der Schlussfolgerung sind nicht absolut und unwidersprechlich, weil ihre Bedingungen und Voraussetzungen Annahmen sind. Um einen Beweis vollständig zu machen, muss man sich immer auf irgend einen vorausgegangenen Syllogismus oder auf Syllogismen beziehen, in welchen die Annahmen des Beweises als wahr demonstriert sind; weiterhin aber müssen die Annahmen dieser zweiten Reihe von Syllogismen bewiesen werden, und so wird der Mensch auf immer neue Syllogismen zurückgeworfen und dann wieder auf neue Annahmen usw. Schliesslich gelangt die Vernunft zu den Grundprinzipien oder den allgemeinsten Begriffen. Aber welche Prinzipien sind als die ersten anzusehen? Diejenigen, welche von manchen Denkern als Grundprinzipien aufgestellt sind, werden von anderen verworfen und umgekehrt. In diesen Grundprinzipien und nicht in den syllogistischen Entwicklungen liegt das ganze Problem der Wahrheit. Sie werden von ihren Verteidigern für selbstverständlich erklärt, weil sie auf keine andere Weise verständlich sind[2]). Es wurde aber von den Verteidigern der Logik behauptet, dass diese einen Massstab der Wahrheit feststellen und das ipse dixit der Autorität aufheben würde. Wie erreicht sie diesen Zweck, wenn sie nur auf Grundprinzipien zurückführt, über welche ein unendlicher Streit geführt wird? Die Logik kann nicht einmal beweisen, dass es überhaupt so etwas wie selbstverständliche Urteile giebt[3]). Weiterhin ist die Logik an sich ein unzureichendes Instrument für die Erforschung der Wahrheit, da es bei jeder solchen Erforschung Bedingungen, Annahmen und Elemente giebt, welche die Logik weder ableiten noch definieren kann.

β) Aber das logische Denken oder die Schlussfolgerung hängt nicht nur von einer Menge unbewiesener Annahmen ab, sondern es sind auch ihre Schlüsse abstrakt und unsicher, nicht konkret und real. Das muss sein, denn in

[1]) Essay, p. 268 69.   [2]) Essay, p. 269.   [3]) ibid., p. 270.

jedem Falle verwendet sie ein allgemeines Urteil oder setzt
es voraus, das seiner ganzen Natur nach abstrakt und allgemein ist. In dieser Welt der Sinne haben wir es jedoch
mit dem unmittelbaren, dem gegebenen Elemente zu thun
und nicht mit abstrakten Begriffen: wir sind nicht der
einsamen Betrachtungen unserer eigenen Gedanken und
ihrer Entwicklung überlassen; wir haben mit dem Konkreten zu rechnen. Wenn die logische Schlussfolgerung
das einzige Instrument oder die alleinige Methode ist, dann
liegt die Wirklichkeit ausser unserem Bereiche, denn Syllogismen über das Abstrakte können das Konkrete nicht
behandeln und bestimmen. Die logischen Methoden mögen
sich einem Beweise nähern, aber sie erreichen nur das Wahrscheinliche, weil sie nicht das Partikulare erreichen können.
Aber was der Mensch erstrebt, ja verlangt, das ist nicht
Wahrscheinlichkeit, sondern Wahrheit im Konkreten[1]). Ihm
in solch' einem Falle das Abstrakte und Allgemeine dar-
zubieten, heisst ihm einen Stein anstatt des Brotes geben.
„Indem ich so von dem Syllogismus spreche," sagt
Newman, „spreche ich von allen logischen Prozessen, wie
sie sprachlich zum Ausdruck kommen, ob nun Deduktion,
Induktion oder Analogie: denn sie erfordern alle als Bedingungen des Schlusses allgemeine Begriffe[2]). Die Schluss-
kette der Logik hängt an beiden Enden lose: Beide Punkte,
sowohl derjenige, von welchem der Beweis ausgehen, als
der Punkt, welchen er erreichen sollte, liegen ausserhalb
ihres Bereiches. Die Logik erreicht weder die Grundprinzipien, noch den konkreten Ausgangspunkt . . . . Logik
ist in der That weder der Prüfstein der Wahrheit, noch
die ausreichende Grundlage der Zustimmung[3])." Dennoch
versagt Newman der Logik nicht den Rang, welchen sie
einnimmt, noch ihre Giltigkeit. Sie kann nicht den ganzen
Denkprozess darstellen, aber sie ist der Grundsatz der
Gedankenordnung: sie verwandelt das chaotische Wissen
in Harmonie; sie legt die Beziehungen der einzelnen Teile
des Wissens fest; sie beugt dem Irrtume vor; sie ist die
Methode der Disputation. „Wenn die Sprache für die
Menschen eine unschätzbare Gabe ist, so bereitet das logische
Vermögen dieselbe zum Gebrauche vor. Obgleich sie nicht
so weit geht die Wahrheit festzustellen, so zeigt sie doch
die Richtung an, in welcher die Wahrheit liegt, sowie die
Beziehung der Urteile zu einander. Obgleich sie nicht
selbst das Unbekannte entdeckt, so bildet sie doch ein

---

[1]) Essay, p. 279.   [2]) ibid., p. 283.   [3]) ibid., p. 264.

Hauptmittel, durch welches Entdeckungen gemacht werden [1]."
So ist „die formale Logik mehr ein negativer und bestäti-
gender, als ein positiver erfindender Prozess, und sie stellt
nur einen kleinen Teil der zahllosen Betrachtungen dar,
durch welche wir bei allen praktischen Urteilen geleitet
werden".

Um diese zu entdecken, um, mit einem Worte, einen
giltigen Beweis hinsichtlich des Konkreten zu liefern, braucht
man ein zarteres, geschmeidigeres, elastischeres Organ, als
die verbale Argumentation [2]. Es darf nicht eine blosse
Methode oder Rechnung sein, sondern ein lebendiges
Organ, welches die methodischen Prozesse der Schlussfolgerung durch ein konkretes Schliessen und seine gegenwärtige Vorstellung ergänzt, ein Organ, welches denselben
einen Sinn und Inhalt über den Buchstaben hinaus giebt,
und welches, während es durch dieselben handelt, zu
Schlüssen kommt, die über sie hinausgehen.

Es ist notwendig dieses neue Organ zu erforschen und
näher kennen zu lernen. Von dem alten Organ abhängen
heisst, von der Wahrscheinlichkeit abhängen als dem einzig
erreichbaren Wegweiser und der Richtschnur für die
Menschheit, heisst, die Möglichkeit einer absoluten Gewissheit
zerstören und dem Zweifel und Skeptizismus die Thür öffnen.
Newman suchte diesem Skeptizismus zu entgehen und einen
Grund für die absolute Gewissheit durch eine tiefere psychologische Analyse des intellektuellen Prozesses zu finden,
durch welchen der Geist von der bedingten Schlussfolgerung
zur unbedingten Zustimmung oder zum Glauben übergeht.

3. Die Gewissheit ist nach Newman eine Eigenschaft
der Urteile. „Diejenigen Urteile", sagt er, „nenne ich
gewiss, von deren Wahrheit ich überzeugt bin" [3]. Diesen
Zustand, einer Sache sicher zu sein, bezeichnet er als Gewissheit oder als komplexe Zustimmung [4]. Unter dem Akte
der Zustimmung versteht Newman die absolute Annahme
eines Urteils oder des bedingungslosen Glaubens an dasselbe. In Beziehung auf die Wahrnehmung (Apprehension)
ist die Zustimmung wirklich oder eingebildet; in Beziehung
auf die Schlussfolgerung ist dieselbe einfach oder komplex.
Obgleich die Zustimmung nur unter bestimmten Bedingungen erteilt werden kann, so ist dieselbe ihrer Natur
nach doch absolut und unbedingt [5]. Newman weist darauf
hin, dass er sich von Locke und anderen unterscheidet,

---

[1] Essay, p. 285—286.　　[2] ibid., 271.
[3] Essay, p. 344.　　[4] ibid., p. 195 96.　　[5] ibid., p. 8, 13 usw.

welche, wie er sich ausdrückt, aus Gründen a priori ge-
leugnet haben, dass die Zustimmung jemals unbedingt ist.
Indem man über das Wahrscheinliche und dergleichen
urteilt, muss die Zustimmung (sagen diese Schriftsteller)
in demselben Grade verschieden sein, wie die Wahrscheinlichkeit. Die Kraft, mit der man einem Urteil zustimmt,
indem man solche Urteile ausser Acht lässt, welche selbstverständlich sind, wechselt nach Locke mit der Kraft der
Schlussfolgerung, auf welche hin die Zustimmung erfolgt. —
Aber die a priori Theorie, nach welcher der Geist handeln
sollte, ist eine Sache, und das Zeugnis der psychischen
Thatsachen ist eine andere. Diese Frage kann nach Newman's Meinung nur beantwortet werden durch eine Untersuchung darüber, wie die menschliche Seele existiert und
wirkt.

Wenn die Antwort mit Locke's Grundsatz überein-
stimmte, dann würde die Schlussfolgerung nicht allein die
„sine qua non" Bedingung der Zustimmung, sondern auch
ihr zureichender Grund sein; in solch' einem Falle würde
die Erlangung der Gewissheit unmöglich sein ohne die
Schlussfolgerung, welche der Demonstration gleichkommt.

Aber dies ist im Bereiche des Konkreten unmöglich,
wie schon oben gezeigt worden ist[1]). Hiernach giebt es
keine andere Alternative als den Skeptizismus. Aber
Newman leugnet die Giltigkeit des Locke'schen Prinzips.
Er giebt zu, dass die Zustimmung nicht ohne irgend etwas
Voraufgehendes, welches als Grund gilt, gegeben wird[2]);
aber es folgt daraus nicht, dass die Zustimmung in Fällen,
wo zureichende Gründe existieren, nicht versagt, oder dass sie
nicht zurückgezogen werden kann, nachdem sie schon erteilt
worden ist, obgleich die Gründe bestehen bleiben; oder dass
die Zustimmung nicht fortbestehen könnte, wenn die Gründe
vergessen worden sind, oder dass sich ihre Kraft verändert,
je nachdem die Gründe sich verändern; häufig hindern auch
moralische Motive die Zustimmung zu Schlüssen, welche
logisch unanfechtbar sind. Selbst die unwiderlegbarsten
Wahrheiten rufen nicht notwendig Zustimmung hervor.

Das Studium der Erfahrung lehrt, dass den Beweis
verstehen, den logischen Schluss einsehen und ihm zustimmen, sehr verschiedene Dinge sind[3]). Ferner, was man
Variationen der Zustimmung zu einer Schlussfolgerung

---

[1]) Essay, p. 160 ff.   [2]) ibid., p. 172.
[3]) ibid., p. 167 und cf. Apol., p. 206.

nennt, sind in Wahrheit Zustimmungen zu einer Variation der Schlussfolgerungen. Eine prima facie Zustimmung ist eine Zustimmung zu der einer Thatsache vorhergehenden Wahrscheinlichkeit. Solche Ausdrücke, wie überlegte Zustimmung, rationelle Zustimmung, plötzliche Zustimmung, schwache oder starke Zustimmung usw., beziehen sich alle auf die Bedingungen oder Begleiterscheinungen der Zustimmung, nicht auf die Arten oder Eigenschaften derselben. Es giebt indessen einen Unterschied der Zustimmung, welcher auf Abstufungen und selbst auf Schlussfolgerung in ihr hinzuweisen scheint. Dies ist die Unterscheidung von begrifflicher und realer Zustimmung, welche den zwei Arten der als begrifflich und real aufzufassenden Urteile entspricht.

Reale Zustimmung ist diejenige, welche sich auf Urteile bezieht, die das Konkrete ausdrücken; die Zustimmung hingegen zu Urteilen, die das Abstrakte ausdrücken, wird als begriffliche Zustimmung bezeichnet. Diese zwei Arten der Vorstellung geben der Zustimmung ihren entsprechenden äusserlichen Charakter in so hohem Grade, dass es den Anschein hat, als liesse die Zustimmung selbst Abstufungen zu. Es ist jedoch nicht die Zustimmung, welche wechselt, sondern der Gegenstand der Zustimmung[1]. Wenn der Gegenstand unmittelbar und direkt in der Erfahrung gegeben ist, d. h. wenn die Seele in unmittelbarer Berührung mit der Wirklichkeit steht, dann ist die Zustimmung lebhaft, kräftig und stark; wenn der Gegenstand aber eine Verallgemeinerung, eine Abstraktion, ein Begriff ist, dann ist die Zustimmung ebenso absolut und unmittelbar, nur fehlt ihr die Lebhaftigkeit, welche dem ersteren Falle eigentümlich ist; sie ist subjektiv farblos, blosse Zustimmung[2].

Die erstgenannten Zustimmungen haben wegen ihrer lebendigen Energie einen direkten Einfluss auf das Denken und Handeln, welchen die letztgenannten nicht haben. Es ist also wichtig zu untersuchen, ob solche reale Zustimmungen wahr und sicher sind. Einfache Zustimmung ist nichtreflektierter, unkritischer Glaube. Die Religion verlangt mehr als solche einfache Zustimmung, sie verlangt Gewissheit oder doch wenigstens eine Zustimmung, welche in Gewissheit verwandelt werden kann: mit anderen Worten, sie beansprucht einen Glauben, dessen Geltung erforscht und geprüft worden ist.

---

[1] Essay, p. 35 und 185.   [2] ibit., p. 36 ff.

Wenn die Geltung als unzweifelhaft befunden ist, dann
ist die Gewissheit erlangt, und man kann nicht nur sagen,
dass man erkennt, sondern sogar, dass man erkennt was
man erkennt.

Um die Bedingungen dieser Geltung zu bestimmen,
prüft Newman kritisch die realen Zustimmungen oder den
realen Glauben. Er entdeckt drei Bedingungen der Glaubens-
gewissheit: 1. dass sie endgiltig, 2. dass sie dauernd ist, und
3., dass sie auf Erforschung und Beweis folgt [1]). Wenn der
Glaube nicht endgiltig ist, dann ist er nicht mehr als eine
bedingte Schlussfolgerung. Wenn er nicht dauernd ist,
dann ist er nicht gewisse Erkenntnis —, „der Mensch kann
nicht erkennen, dass er erkennt, wenn er nicht erkennt, dass
seine Ueberzeugung nicht wechseln wird." Die Erforschung
und der Beweis, auf welche wir uns hier beziehen, können
nicht den blossen Beweis der Schlussfolgerung bedeuten,
denn es ist schon gezeigt worden, dass die formale Schlussfolgerung, obgleich sie eine Vorbedingung der Zustimmung
ist, doch aus sich selbst nur Wahrscheinlichkeiten und nicht
Gewissheit erreichen kann. Um die letztere, welche der
wahre Beweis ist, zu erlangen, bedarf man eines neuen und
zureichenderen Organes, welches nur durch eine tiefere und
genauere Erkenntnis der Seele und ihrer Thätigkeiten erlangt werden kann. Newman's grundlegendes Prinzip in
dieser psychologischen Erforschung ist die Persönlichkeit:
man kann seine eigene Persönlichkeit nicht übersteigen.
„Alle Erkenntnis ist persönliche Erkenntnis und wird durch
diese Thatsache qualifiziert und gefärbt. Unsere Wesenheit
mit ihren Fähigkeiten, ihrer Seele und ihrem Körper ist
eine Thatsache, welche gar keine Frage zulässt, da sich mit
Notwendigkeit alles auf sie bezieht, nicht sie sich auf andere
Dinge. Wenn ich nicht annehmen kann, dass ich existiere
und in einer individuellen Weise, d. h. mit einer individuellen
seelischen Konstitution, dann habe ich nichts, worüber ich
spekulieren kann und thäte besser mich der Spekulation
zu enthalten. So wie ich bin, ist das mein ein und alles;
dies ist mein wesentlicher Standpunkt, der als sicher angenommen werden muss, denn sonst wäre das Denken nur
ein eitles Vergnügen und nicht der Mühe wert".

„Es giebt keine Vermittlung zwischen dem Gebrauche
meiner Fähigkeiten, und der, wie der Schaum auf dem
Meere, dem Zufall anheimgegebenen Ueberlassung an die
äussere Welt, dem einfachen Vergessen meiner selbst."

---

[1]) Essay, p. 258.

„Wenn ich nicht mein eigenes Selbst gebrauche, dann habe ich kein anderes Selbst zum Gebrauch. Mein einziges Geschäft ist, festzustellen, was ich bin, um es zu benutzen. Es genügt für den Beweis des Wertes und der Autorität irgend einer Funktion, welche ich besitze, dass ich von ihr sagen kann: sie ist natürlich[1]." In solchen kräftigen Ausdrücken schildert Newman die Persönlichkeit, und diese Persönlichkeit in ihrer konkreten vernunftmässigen Funktion ist der ableitende Sinn („Illative Sense"). Dieser Sinn kann betrachtet werden: 1. mit Rücksicht auf seine Sanktion, 2. auf seine Natur und seinen Umfang[2]).

1. Der „ableitende Sinn" ist sein eigener Richter und seine eigene Bestätigung (Sanktion). Es giebt keinen endgiltigen Prüfstein der Wahrheit neben dem Zeugnisse, welches durch die Seele selbst der Wahrheit erteilt wird; oder wie es Newman anders ausdrückt, indem er von der Funktion und dem Spielraum dieses „Sinnes" spricht: in keiner Klasse des konkreten Denkens, gleichviel ob in den experimentierenden Naturwissenschaften, in der historischen Forschung oder in der Theologie, giebt es irgend einen endgiltigen Prüfstein für die Wahrheit und den Irrtum, ausser dem „ableitenden Sinn", welcher ihnen seine Sanktion giebt[3]).

2. In sich selbst ist der „ableitende Sinn" im Konkreten ein und derselbe. Es giebt keine besondere Art des Denkens in den Naturwissenschaften oder in der Rechtswissenschaft und eine andere in der Ethik und der Religion; sondern im Urteilen über das was konkret ist, geht der Verstand durch die Logik der Sprache (Syllogistik) so weit als er kann vor, doch wird er immer gezwungen, diese durch eine noch feinere Logik zu ergänzen, da Formen an sich nichts beweisen. Indem er zu seinen Schlüssen gelangt, geht der „ableitende Sinn" immer auf dieselbe Weise vor mit Hilfe einer Methode des Denkens, welche der elementare Grundsatz des mathematischen Calcüls moderner Zeiten ist.

Es giebt im ganzen Umfange des Konkreten unzweifelhaft Urteile, bei welchen der Beweis für die logische Gewissheit und für die genaue wissenschaftliche Demonstration nicht genügt, und doch werden sie als ebenso gewiss betrachtet, als die Urteile des Euklid: z. B., dass jeder Mensch sterblich ist, dass Gross-Britannien eine Insel ist, dass Alexander der Grosse Tyrus eingenommen hat, und dergl.[1]).

---

[1]) Essay, p. 346—347.   [2]) ibid., p. 345.
[3]) Essay, p. 359.   [1]) Essay, p. 204.

Der wissenschaftliche Beweis oder der syllogistische
Prozess ist erwiesenermassen nicht die Methode, durch
welche man über solche Behauptungen gewiss werden kann.
Die wahre und notwendige Methode ist diejenige der konkreten Schlussfolgerung, d. h. der Anhäufung von Wahrscheinlichkeiten, die von einander unabhängig aus der Natur
und den Umständen des speziellen Falles sich ergeben,
welcher der Betrachtung unterliegt; Wahrscheinlichkeiten,
welche zu fein sind um getrennt zu genügen, zu subtil
und weitschweifig, um in Syllogismen verwandelt werden
zu können, zu zahlreich und mannigfaltig für solch eine
Verwandlung, selbst wenn sie verwandlungsfähig wären.
Wie das Porträt eines Menschen sich von einer Skizze
unterscheidet, indem es nicht nur eine fortlaufende Aussen-
linie, sondern alle hineingearbeiteten Details aufweist, und
wie es Schattierung und Farbe angewandt und miteinander
in Einklang gebracht zeigt, so ist der vielfältige und ver-
wickelte Prozess des Vernunftschlusses, welcher für den
Verstand nötig ist, um den Menschen als eine konkrete
Thatsache zu erreichen, verschieden von der abstrakten und
ungewissen Methode der Syllogistik[1]).
    Wenn der Verstand sich für die Wahrheit einer Reli-
gion, die Anschauung eines bestimmten Volkes, die Rät-
lichkeit einer bestimmten Handlung oder dergleichen ent-
scheidet, so wird er durch zahllose Erwägungen beeinflusst,
von denen nur eine geringe Anzahl deutlich dargestellt
und in einen logischen Zusammenhang gebracht werden
kann.
    Diese Methode konkreten Denkens hat folgende Haupt-
merkmale:
    a) Sie hebt nicht die logische Form der Schlussfolgerung
auf, sondern beide sind identisch; nur ist die logische Form
keine Abstraktion mehr, sondern etwas Konkretes, unmittelbar Gegebenes; ihre Prämissen sind Wahrscheinlichkeiten, die an Zahl, Klarheit und Giltigkeit von einander
abweichen; sie haben das Moment einer Masse von Wahrscheinlichkeiten, die aufeinander berichtigend und bestätigend
einwirken, und die Methode veranlassen, sich unmittelbar
auf den konkreten, individuellen Fall zu beziehen[2]).
    Der „ableitende Sinn" definiert und entscheidet implicite
über die Annahmen oder ersten Grundsätze, mit denen ein
Gedankengang beginnt, und er beurteilt und beschliesst, in
welcher Richtung Probleme behandelt werden müssen[3]).

---

[1]) Essay, p. 288.   [2]) ibid., p. 292.   [3]) ibid., p. 363.

Wenn der Verstand (d. h. sofern er Schlüsse zieht) nicht
imstande wäre, unanwendbare und ungereimte Grundsätze
und Prämissen auszuschliessen, so könnte keine Beweisführung oder Untersuchung unternommen und noch viel
weniger entwickelt werden. Und wenn nichts angenommen
werden darf, so kann man auch nichts erschliessen.
Einem Descartes, der den allgemeinen Grundsatz aufstellen
würde, wir hätten kein Recht in der Philosophie irgend
etwas als gewiss anzunehmen, sondern wir müssten mit
dem allgemeinen Zweifel beginnen, würde Newman antworten: Diese Voraussetzung ist von allen die grösste, und
die Ablehnung aller Voraussetzungen verbietet auch diese.
Der Zweifel ist selbst ein positiver Zustand des Verstandes
und setzt deshalb notwendigerweise ein System von eigen-
tümlichen Grundsätzen voraus[1]). Und dann wieder, wenn
nichts vorausgesetzt werden soll, was ist denn unser Gedankengang weiter als eine Annahme? Und was unsere
Natur? Sogar das Gefühl der Freude und des Schmerzes,
eine unleugbare psychische Thatsache, verwandelt sich
unvermeidlich in intellektuelle Voraussetzungen.

b) Solch' ein Denkprozess ist mehr oder weniger ver-
schlungen, zusammengesetzt, subtil und unmerklich. Der
Verstand ist nicht fähig, eine vollständige Analyse der
Motive zu geben, welche ihn zu einem bestimmten Schlusse
veranlassen, sondern er wird durch eine Summe von Beweis-
mitteln fortgerissen und bestimmt, die er nur als Ganzes,
nicht in ihren bestimmenden Einzelheiten erkennt. Nicht
mit Hilfe logischer allgemeiner Sätze, die in unendlicher
Reihe zurückgehen, sondern mit Hilfe von Kenntnissen, die
unter der Schwelle des Bewusstseins liegen, durch die psychische Einheit des Menschen werden in concreto Schlüsse
gezogen und Urteile gefällt. Mit Hilfe der Erkenntnis-
masse, so viel davon jeweilig implicite vorhanden ist, urteilt
und schliesst der ableitende Sinn[2]). Das ganze Denken
wird durch eine eigene unabhängige Thätigkeit geleitet,
und nicht etwa durch irgend eine syllogistische Notwendigkeit. Und weiterhin weil der ableitende Sinn persönlich
und individuell ist, gewährt er nicht, wie die Syllogistik oder
Logik, einen gemeinsamen Massstab zwischen dem einen
Verstand und dem anderen. Es ist bereits darauf hingewiesen
worden, welche Rolle die Persönlichkeit als Fundamental-
grundsatz in Newman's Gedankengange spielt. Da der

---

[1]) Essay, p. 377.   [2]) ibid., p. 360.

Mensch die Schranken seiner Persönlichkeit nicht über-
schreiten kann, so muss alle Erkenntnis auf diesem Wege
stattfinden und durch die Persönlichkeit bedingt und gefärbt
sein. Nichts machte auf Newman einen tieferen Eindruck
und beeinflusste ihn mehr, als die Bedeutung des persönlichen Elements für die Erkenntnis: das, was die Indivi-
dualität der einen Persönlichkeit ausmacht gegenüber der
anderen, das eigentümliche Etwas, welches das unter-
scheidende Merkmal jedes Individuums ist, gerade das verbietet einen gemeinsamen Massstab zwischen den geistigen
Individuen anzunehmen. An vielen Stellen spricht Newman
von diesem Elemente. In Beziehung auf die persönlichen
Gewissheiten oder die komplexen Zustimmungen sagt er,
dass viele von ihnen auf Beweisen beruhen, die formal un-
richtig und nur persönlich sind, d. h. die jeder Analyse
spotten und unter keine logische Regel gebracht werden
können, weil sie sich nicht formellen logischen Gesetzen
unterwerfen lassen [1]). Und wiederum an einer sehr charak-
teristischen Stelle über den Einfluss der Persönlichkeit auf
die Wahrheit der Erkenntnis: „Sollen wir sagen, dass es
nichts dergleichen giebt wie Wahrheit und Irrtum, sondern,
dass für den Menschen alles das Wahrheit ist, was er glaubt?
Oder sollen wir nicht vielmehr sagen, dass, als die Lösung
eines grossen Geheimnisses, es eine Wahrheit giebt, die
erreichbar ist, deren Strahlen aber sowohl durch das Medium
unseres moralischen, als auch unseres intellektuellen Wesens
gehen: und dass infolgedessen jene Wahrnehmung ihrer
ersten Grundsätze, die uns natürlich ist, durch die Lockungen
der Sinne und die Selbstsucht geschwächt, gehindert und
verfälscht ist, und andererseits durch die Sehnsucht nach
dem Uebernatürlichen belebt wird, so dass zuletzt zwei
Arten des Verstandes entstehen, und zwei Gedankenmuster
oder Systeme des Denkens, von denen jedes analysiert,
einzeln betrachtet, logisch ist, eines dem andern widerspricht,
und die nur darum nicht in Widerstreit geraten, weil sie
kein gemeinsames Kampffeld haben, auf dem sie einen
Streit zum Austrag bringen könnten" [2]).
    An einer Stelle, wo Newman von einem bemerkens-
werten Beweisgrund Pascal's zur Verteidigung des Christentums spricht, bemerkt er, dass dieser ein verschiedenes Gewicht erhalte je nach den Neigungen, Meinungen und Erfahrungen derjenigen, an die er sich wendet, d. h. sein Wert

---

[1]) Essay, p. 303.   [2]) Essay, p. 310—11.

ist eine rein persönliche Frage[1]). „Und so", fügt er hinzu, „werden die Menschen persönlich, wenn ihnen die Logik ausgeht; es ist ihre Art, die eigenen ersten Gedanken- elemente, ihren eigenen ableitenden Sinn, den eigenen Verstand als Richter gegen die Grundsätze und Urteile eines anderen aufzurufen"[2]).

Wenn aber die Persönlichkeit der denkenden Individuen ein wichtiges Element beim Beweise von konkreten Sätzen ist, so entsteht für Newman natürlich die Frage, ob man von der schlussmässigen Methode solcher Beweise irgend welche Rechenschaft geben kann, welche über diese Analyse in einen Vernunftschluss, die bei jedem ihrer Schritte im einzelnen möglich ist, hinausgeht. Er meint, dass diese Be- weismethode parallel der berühmten mathematischen Ent- wicklung Isaak Newton's ist, die im Anfange seiner Prinzipien steht. „Ein in einen Kreis eingeschriebenes re- guläres Polygon nähert sich, wenn seine Seiten immer kleiner angenommen werden, dem Kreise als seiner Grenze; aber es verschwindet bevor es mit dem Kreise zusammen- gefallen ist, so dass die Annäherung an den Kreis niemals in der That mehr wird als eine Annäherung, obgleich das Polygon dem Kreise immer näher rückt. Ebenso wird der Schluss in einem konkreten Falle mehr geahnt als erreicht; geahnt in der Zahl und der Richtung angehäufter Prämissen, die alle nach ihm konvergieren und als Ergebnis ihrer Kombinationen ihm näher kommen als irgend eine nach- weisbare Differenz, und die ihn doch logisch nicht erreicht wegen der Natur des Gegenstandes und wegen des subtilen und verwickelten Denkprozesses, von dem er abhängt. Durch die Kraft, Mannigfaltigkeit und Vielheit der Prämissen, die nur wahrscheinlich sind und nicht durch logische Schlüsse, durch überwundene Einwürfe, durch Neutralisierung ent- gegenstehender Theorien, durch nach und nach aufgelöste Schwierigkeiten, durch Ausnahmen, die die Regel beweisen, durch unerwartet entdeckte Beziehungen zu überkommenen Wahrheiten, durch Hemmung und Verzögerung im Prozesse, die siegreiche Reaktionen auslösen, durch alle diese und viele andere Mittel ist der erfahrene Verstand befähigt sicher zu ahnen, dass ein Schluss, in dessen Besitz ihn seine Einsicht objektiv nicht setzt, unabweisbar ist[3])."

Die logische Form dieses Beweises ist indirekt, d. h. es kann nicht gesagt werden, dass man den Schluss ziehen

---

[1]) Essay, p. 310.   [2]) Essay, p. 369.   [3]) Essay, 320—21.

muss, sondern, dass man keinen anderen ziehen kann; oder wie Bischof Butler es ausdrückte, ein Ereignis ist bewiesen, wenn man von seinen Antezedentien nicht annehmen könnte, dass sie eingetreten wären, wenn es nicht wahr wäre[1]).

Ein Beweis in concreto ist also die Grenze von deutlichen und verworrenen Wahrscheinlichkeiten, die unter der Kontrolle und Leitung jenes jenseits der Logik stehenden Prinzips sich befinden, unter dem ableitenden Sinne. Die Art, wie der Verstand von der bedingten Schlussfolgerung zu der unbedingten Beistimmung in einem konkreten Falle übergeht, kann kurz folgendermassen zusammengefasst werden:

1. Es giebt keinen wissenschaftlichen Beweis.

2. Es sind eine Menge verschiedener Gründe deutlicher und verworrener Art, d. h. eine Masse von sich anhäufenden unabhängigen Wahrscheinlichkeiten, deren Gesamtheit die psychische Welt des Menschen ausmachen.

3. Diese vom ableitenden Sinne geprüften und geordneten Wahrscheinlichkeiten lösen sich in konkrete Antezedentien oder allgemeine Sätze auf, welche dem Verstande die in Untersuchung stehende Sache zureichend beweisen.

4. Die daraus entspringende Genugthuung geht in Glauben oder Gewissheit über, die Gewissheit von der Wahrheit einer oder mehrerer Sätze.

Beim Studium der Beziehungen zwischen Erkenntnis und Glauben hatte Newman ursprünglich beabsichtigt ein Mittel zu entdecken, das unbedingte Gewissheit über den Inhalt der Religion geben sollte, die nach ihm in der Erkenntnis Gottes, seines Willens und der Pflichten des Menschen gegen ihn bestand.

Sobald aber Newman von dem Konkreten im allgemeinen zur Religion und ihren Beweisen im besonderen übergeht, wird sein Gedankengang etwas zweideutig und unbestimmt; er scheint zwischen seinem Prinzip der konkreten Schlussfolgerung, dem ableitenden Sinne und seiner Lehre vom Gewissen, von denen das erste empirischer, das zweite transzendentaler Natur ist, zu schwanken.

Im allgemeinen scheint sein Gedankengang folgender zu sein: die Frage nach der religiösen Gewissheit ist immer nach den Methoden der reinen Logik (Syllogistik) behandelt worden, was niemals zur Gewissheit führt, weil jene bedingt sind.

Es bedarf eines neuen Prinzips; das ist entdeckt worden, aber es ist nur auf das Konkrete anwendbar. Wenn also

---

[1]) Essay, p. 321.

der Inhalt der Religion zur allgemeinen Gewissheit werden soll, so muss er konkreter Natur sein. Das erfordert einen transzendentalen Grundsatz der Erkenntnis, um den Verstand in eine ebenso direkte Beziehung zu den Ideen der Religion zu bringen, wie es durch die Sinne zu der äusseren Welt geschieht. Das Gewissen ist solch' ein transzendentales Prinzip. Das Gewissen ist ein Urteil des Verstandes, das sich immer als ein Gefühl offenbart: es ist ein der Person eingepflanztes Gesetz des Verhaltens; es ist das Grundprinzip der Persönlichkeit und ihres Handelns; es bestimmt den letzten Zweck des Handelns. Das Gewissen offenbart sich als ein freudiges oder schmerzliches Gefühl: das freudige Gefühl ist eine Begleiterscheinung der Selbstbilligung, das schmerzliche diejenige der Selbstverurteilung. Es hat zwei Seiten, es ist ein moralischer Sinn und ein Sinn der Pflicht. Als ersterer bezeugt es, dass es Recht und Unrecht giebt und beurteilt die Handlung als Richter von einem allgemeinen Standpunkte. Als Pflichtgefühl ist es ein obrigkeitlicher Befehl, die Billigung eines gewissen Verhaltens. Aber zum Unterschiede von der Aesthetik oder dem Urteile des Verstandes, bezieht es sich immer nur auf Personen, niemals auf die Betrachtung der äusseren Dinge [1]). Es weicht ausserdem von solchen Urteilen darin ab, dass die letzte Instanz eine andere ist: die letzte Bestätigung und Autorität liegt nicht in dem Ich. Das ergiebt sich aus dem Vorhandensein der Verpflichtung und der Verantwortlichkeit bei den Entscheidungen über dieselbe.

„Wenn wir, wie es der Fall ist", sagt Newman, „uns verantwortlich fühlen, wenn wir uns darüber schämen und erschreckt sind, dass wir den Geboten des Gewissens nicht gehorchten, so setzt das voraus, dass es jemand giebt dem wir verantwortlich sind, vor dem wir uns schämen, dessen Ansprüche auf uns wir fürchten, der mit einem Worte die letzte Ursache dieser Gefühle ist" [2]). So bringt das Gewissen den Menschen mit einem transzendenten Wesen in Beziehung. Um mit Newman zu reden, es senkt in die Imagination das Bild eines „höchsten Richters" und ist der Ursprung der Religion, wie es nach der moralischen Seite der Ursprung der Ethik ist [3]).

Newman verwandte sein neues Prinzip zu einem kurzen und direkten Beweise des Theismus oder der natürlichen, d. h. der allgemeinen Religion. Es giebt drei Wege auf denen der Mensch zur Religion gelangt: der erste ist das

<hr>

[1] Essay, p. 105 ff.   [2]) ibid., p. 109.   [3]) Essay, p. 110.

Gewissen, dessen Bedeutung und Methode schon beschrieben
worden ist; der zweite ist das Zeugnis des Menschen,
der dritte der Gang des menschlichen Lebens und der
menschlichen Angelegenheiten [1]).

Mit Hilfe des konkreten Schlusses, der Methode des
ableitenden Sinnes, entwickelt der Mensch aus dem Zeugnis
der Menschen und der Welt der Erfahrung jene Masse von
sich anhäufenden Beweisstücken, aus der die Gewissheit
über die Bedeutung und den Inhalt der Gottheit hervor-
geht, die an Mass und Kraft der Gewissheit gleichkommt,
die durch den strengsten wissenschaftlichen Beweis gewonnen wird.

Das Christentum ist die Krone und die Vollendung
der natürlichen Religion. Der Gott des Christentums ist
die volle und ganze Ergänzung des Gottes der Natur: „Das
Christentum", sagt Newman, „ist nur eine Erweiterung der
Natur; es verdrängt sie nicht, noch widerspricht es ihr; es
erkennt sie an und gründet sich auf sie, und zwar notwendigerweise, denn wie kann es seinen Anspruch wohl
anders beweisen als dadurch, dass es sich an das wendet, was
die Menschen schon haben? Mag es noch so voll Wunder
sein, es kann nicht der Natur entraten; das hiesse ihm die
Grundlage nehmen, denn welchen Wert würden die Beweise zu Gunsten einer Offenbarung haben, welche die
Autorität jenes Gedankensystems und der Schlussfolgerungen leugneten, aus denen diese Beweise notwendigerweise
erwachsen [2])." Dieselbe Methode der konkreten Schlussfolgerung wird hier angewandt. Das Gewicht ruht hier auf
den Uebereinstimmungen und der Häufung von Thatsachen
aus der Welt-. und Kirchengeschichte, „die, obgleich an sich
nicht wunderbar, uns doch fast mit Notwendigkeit die
Gegenwart der ausserordentlichen Thätigkeit Gottes aufdrängen, dessen Sein wir schon anerkennen" [3]). Am grössten
ist das Zusammentreffen der Umstände und die Häufung
der Thatsachen, erstens in der Reihe von auffallenden
Prophezeiungen und Erfüllungen in der Geschichte der
hebräischen Nation; zweitens in dem übereinstimmenden
Zeugnisse der beiden Bündnisse in dem Alten und dem
Neuen Testamente; drittens in dem Zeugnisse, das für den
göttlichen Ursprung des Christentums durch die Stand-
haftigkeit und das Leiden der Märtyrer [1]) aus altchristlicher
Zeit gegeben wird.

---

[1]) Essay, p. 389. [2]) Essay, p. 388. [3]) ibid., p. 427. [4]) ibid., p. 432 ff.

3

Kritik.

Von der Darstellung der wesentlichen Punkte in Newman's Gedankengange über religiöse Gewissheit wenden wir uns nun zu einer Kritik der Geltung und der Bedeutung desselben.

Die Bedeutung von Newman's Gedankengange steht nach dieser Richtung in enger Beziehung zu dem religiösen Denken des 18. Jahrhunderts und der früheren Periode seines Lebens. Im Anfange des 19. Jahrhunderts gab es in England zwei religiöse Strömungen, eine rationalistische in den oberen Gesellschaftsklassen und eine evangelische im Volke. Die erstere unter dem Einflusse der Methode, die das 18. Jahrhundert bei seiner Opposition gegen den Deismus anwandte, bemühte sich aus rationalistischen Gründen, die Möglichkeit einer Offenbarung überhaupt zu beweisen, und lieferte eine Apologie, die sich auf die Wunder und Prophezeiungen des Alten und Neuen Testaments stützte. Die Führer dieser Schule glaubten, dass nur durch Vereinigung des Natürlichen und des Uebernatürlichen, des Empirismus der englischen Philosophie, wie er sich in Locke darstellt, und der offenbarten Religion, wie sie uns in der Bibel entgegentritt, das Christentum vor der Auflösung bewahrt bleiben könnte.

Wie Leibnitz und Wolff, so zog auch Locke eine scharfe Linie zwischen den verschiedenen Formen des Christentums, wie sie in der Weltgeschichte aufgetreten waren, und der natürlichen Religion, der Religion des wahren Verstandes, die er wahres Christentum nannte. Die offenbarte Religion wird dadurch nicht aufgehoben; die historische Offenbarung steht neben der natürlichen Religion. Die Offenbarung bildet die notwendige Ergänzung des begrenzten Verstandes, ist aber nichts destoweniger vernünftig.

Die empirischen Methoden Locke's führten weiter. Das Christentum wurde nun seiner Mysterien entkleidet, seiner bestrittenen Dogmen und endlich auch auf Grund des Rationalismus seiner historischen Offenbarung.

Diesen letzten Schritt thaten die Deisten, welche in der Person Toland's, ihres Führers, das reine Christentum als eine Reihe von „Wahrheiten des natürlichen Lichtes", d. h. des natürlichen Verstandes betrachteten. Dieser Deismus hatte beständig die Tendenz in einen Rationalismus von der Art Voltaire's, Diderot's und der französischen Aufklärung überzugehen. Der Supranaturalismus des neuen Jahrhunderts erhielt nun seine Färbung durch die Gedanken des 18. Jahrhunderts. Für ihn, wie für die Deisten, war der Gott der Offenbarung mehr oder weniger ein deus ex machina, der fern von der Welt wohnte. Wie ihre Religionsgenossen des 18. Jahrhunderts verwarfen sie die Mystik, das lebendige religiöse Gefühl und dergleichen als unbegründeten Aberglauben. Bei ihnen herrschte derselbe Mangel an historischem Sinn und Verständnis und an historischer Würdigung, die der ganzen Philosophie der Aufklärung eigentümlich war[1]). Ausserdem war noch der Utilitarismus der Ethik des 18. Jahrhunderts für den kirchlichen Glauben im Anfange des 19. Jahrhunderts charakteristisch. Die andere Form des religiösen Lebens war der Methodismus von Wesley und Whitfield. Derselbe war eine starke Reaktion gegen den „Moderatismus" des Adels und der Grundbesitzer. Hier finden wir tiefes religiöses Gefühl, ein lebhaftes Bewusstsein von der sündigen Verderbtheit des Menschen und der Notwendigkeit der göttlichen Gnade, ein auffälliges Steigen milder und philanthropischer Werke, ein Aufgeben der theoretischen Gedanken und wissenschaftlichen Spekulation, eine kräftige Aufmerksamkeit für das gegenwärtige, unmittelbare und individuelle Leben. Diese Religion war einfach, pietistisch, intuitiv und oft mystisch. Das Evangelium, so wie man es hörte oder las, ohne gelehrte Theorie oder Auslegung, war das Lebensmuster dieser Leute. Das war der Zustand des religiösen Lebens während des ersten Viertels dieses Jahrhunderts, als der spätere Kardinal John Henry Newman zum Manne reifte. Dass er direkt an das 18. Jahrhundert mit seinen Gedanken anknüpft, wird durch die bewusste oder unbewusste Annahme eines der Hauptgrundsätze bewiesen: dass „der Glaube an offenbarte Wahrheiten von dem Glauben an natürliche Wahrheiten abhängt." Ausserdem beschäftigt sich seine Apologie, gerade wie die des 18. Jahrhunderts, mit demselben Problem, nämlich wie man einem Menschen einen religiösen Charakter oder religiösen Inhalt geben kann, der diese Dinge nicht besitzt. Man kann geradezu sagen, dass, direkt oder indirekt, seine Probleme bezüglich der religiösen Gewissheit und der Philosophie des Glaubens ihren Ursprung in den Angriffen der traditionellen englischen Philosophie auf die Festung des Christentums haben. Diese philosophische Schule, die in der einen oder anderen Form fortwährend in England geherrscht hat, hat immer versucht die offenbarte Religion rationalistisch zu machen,

---

[1]) W. Windelband, Geschichte der Philosophie, 1892, S. 392.

3*

oder sowohl die offenbarte als die natürliche Religion fortzuerklären und ein Moralsystem an die Stelle zu setzen, das auf utilitarischen oder hedonistischen Grundsätzen begründet war.

Newman bildet nicht nur einen Protest gegen solch' ein Gedankenverfahren, sondern auch, direkt oder indirekt, eine Reaktion gegen die Einflüsse, welche diese traditionelle Philosophie gehabt hatte und noch auf den religiösen Geist und das religiöse Denken seiner Zeit ausübte.

Obgleich Newman's reaktionäres Denken von der am Ende des 18. und Anfange des 19. Jahrhunderts herrschenden Romantik gefärbt ist, so ist doch seine Kritik so geschickt und kräftig, dass sie nicht ohne starken und bedeutenden Einfluss auf sein Vaterland geblieben ist.

Im scharfen Gegensatze zu dem kalten Rationalismus der Aufklärung, wo über aller Wirklichkeit das von der Logik vorgeschriebene Fatum schwebte, steht die konkrete Logik Newman's, die lebendige Realität des unmittelbaren Lebens. Es kann auch keinem Zweifel unterliegen, dass Newman in dieser Reaktion durch die Auflehnung der Romantiker beeinflusst worden ist[1]). Ihr Protest gegen die abstrakte, zeitlose Vernunft und den Individualismus des 18. Jahrhunderts, ihre Hochschätzung der Bedeutung der Geschichte und der Gesellschaft als bedeutsamer Faktoren im Weltprozess, fand in der schönen, poetischen und religiösen Natur Newman's eine bereitwillige Aufnahme. Wie sein Landsmann Coleridge fühlte er, dass das Christentum nicht eine Theorie oder eine Form der Spekulation war, sondern ein Lebensprozess. Das religiöse Leben war für Newman, wie auch für Wordsworth und Coleridge, „eine tiefe, unerschöpfliche, individuelle, ja mystische Erfahrung, ein Leben mit Gott", das zu erklären oder zu deuten die Kategorien des Verstandes nicht imstande waren. Im Gegensatze aber zu diesen beiden Dichtern war Newman wenig oder gar nicht mit der Philosophie des Kontinentes bekannt. Er entwickelte seine Gedanken auf seine eigene, eigentümliche Art: er kannte nicht die Ausdrucksweise der heutigen Philosophie, die technische und exakte Sprache des philosophischen Denkens in Deutschland.

Die moderne Heterodoxie in Kirche und Theologie kannte er nur als eine feindliche Macht. Der Hauptfeind, den er in dem Traktarianismus der Oxforder Bewegung von 1833—1843 bekämpfte, war das Freidenkertum oder

---

[1]) cf. Apologie, p. 139 f.

der Liberalismus, eine Partei, welche die Stellung des Dogmas und der Lehre im Christentume herabsetzte. Ihm schien dadurch die Religion zu einer Sache blos subjektiven Gefühls zu werden. Sich der objektiven Regeln und bestimmten Dogmen entledigen, hiess ihm, der Religion ihren objektiven Inhalt rauben und sie in ein schwebendes Etwas, in eine Erdichtung der Phantasie verwandeln. Er fand Gefallen an dem aesthetischen Elemente in der Religion, er besass aber einen zu scharfen, logischen Verstand, als dass er ein subjektives Element hätte die Oberhand gewinnen lassen. Wie sein Zeitgenosse J. Stuart Mill, zu dem er in anderen Beziehungen in einem so grossen Gegensatze stand, liebte er das Bestimmte und Deutliche im Denken und in der Darstellung. So weckte Newman das schlummernde religiöse Bewusstsein in England zu neuem Leben in einer Zeit, wo die nationale Kirche in nüchternem Konventionalismus und religiösem Formalismus versunken war, wo der Rationalismus die christliche Theologie zu durchdringen begann. Seine scharfe Analyse der inneren Bedeutung der Gewissheit in der Religion, seine feine Schätzung und eindringende Untersuchung der Schwierigkeiten, welche die offenbarte christliche Theologie umgeben, und seine keinen Kompromiss eingehende Verteidigung des orthodoxen Glaubens bilden die stärksten Einflüsse, welche auf das religiöse Leben und Denken der englischen Kirche des gegenwärtigen Jahrhunderts ausgeübt worden sind.

Wenn wir den religiösen Glauben Newman's einer kritischen Prüfung unterwerfen wollen, so ist es natürlich, zuerst die Frage aufzuwerfen, was hier die Hauptsache ist. Darauf kann man antworten, dass es erstens die Methode ist, religiöse Wahrheit und Gewissheit zu erlangen, und zweitens sein Begriff der Entwicklung.

Einerseits bekämpfte er die abstrakten und logischen Methoden, die Wahrheit zu bestimmen, und behauptete, dass die Gewissheit des religiösen Glaubens nicht blos die Wirkung logischer Ursachen ist, ja, dass dies nicht die wichtigsten Ursachen sind, welche den Glauben bestimmen. An ihre Stelle setzt er das, was er das organum investigandi nennt, das, was die Form des vollständigen Lebens der Persönlichkeit ist.

Andererseits betonte er den Zusammenhang und die Entwicklung als die geschichtlichen Prinzipien par excellence und im besonderen der Geschichte des Christentums. Die Ideen und Einrichtungen der Gesellschaft in irgend einer Zeit müssen, versicherte er, im Lichte ihrer geschichtlichen

Entwicklung betrachtet werden. Heutigen Tages, wo die Idee der Entwicklung unter dem Namen Evolution jedes Gedankenreich durchdrungen und umgebildet hat, ist es schwer die Bedeutung und Grösse von Newman's Wirken zu begreifen. Aber „der Ausdruck und die Idee der Entwicklung wurden formell und explicite von Newman in die englische Theologie eingeführt!" Viele Jahre vor dem Auftreten der biologischen Evolution verwandte Newman ihre Idee, um seine Theorie von der historischen Entwicklung zu beleuchten. Ausserdem sind seine Merkmale einer wahren Evolution und die Erörterungen über sie ein auffallendes Prognostikon der Evolutionstheorien der Gegenwart.

Die Erwägung dieser beiden Hauptpunkte in Newman's Denken führt uns zu der Frage, welches Verhältnis besteht zwischen unserer Persönlichkeit, der sozialen Geschichte und der Weltgeschichte, oder direkt ausgedrückt, hat Newman das Verhältnis zwischen dem unmittelbaren Leben und der Geschichte richtig aufgefasst?

Aus Newman's Definition der Entwicklung folgt naturgemäss, dass alle historischen Ereignisse das Produkt der Entwicklung von Wahrheiten oder von scheinbaren Wahrheiten in dem Geiste der Menschen sind. Newman pflegte jedoch zu behaupten, dass die letzten Wahrheiten, und das waren für ihn offenbar Wahrheiten der Religion, ihren Ursprung nicht in der Persönlichkeit des Menschen hätten.

Dass das Newman's Meinung ist, zeigt sich deutlich in dem Berichte über den Ursprung der natürlichen Religion. „Die Religion der Natur ist keine Deduktion der Vernunft oder die gemeinsame und freiwillige Erklärung einer Volksmenge, die zusammenkommt und sich über etwas verabredet, wie jetzt Leute zu einem politischen oder sozialen Zwecke Beschlüsse fassen, sondern eine Ueberlieferung oder Vermittlung, die einem Volke von oben verliehen worden ist[1]."

Diese Wahrheiten oder Ideen wurden dem Menschen zuerst direkt durch jenes transzendente Prinzip, Gewissen genannt, übermittelt. Aber diese Wahrheiten und Ideen wuchsen und entwickelten sich in dem Menschen und bildeten sich im Laufe dieser Entwicklung zu dem um, was man als Tradition und Geschichte kennt, und so erhält der Mensch zu seiner Hauptquelle noch zwei Nebenquellen,

---

[1] Essay, p. 404.

nämlich das Zeugnis der Menschen und die Weltgeschichte [1]).

So genügte das Gewissen allein nicht mehr, um die Ideen in ihrer Fülle zu vermitteln, das unmittelbare Leben musste sich auch auf die Geschichte beziehen oder auf dieselbe bezogen werden. Die Ideen wirken auf den Menschen und entwickeln sich in ihm. Obgleich es aber scheinen möchte, dass diese Entwicklung dem unmittelbaren Leben unterworfen ist und von ihm geprüft wird, so ist das doch nicht Newman's Meinung. Wahre Entwicklung hat immer stattgefunden und findet immer unter der Leitung einer äusseren Autorität statt, die von dem unmittelbaren Leben ganz unabhängig ist und dasselbe beherrscht. Danach scheinen die realen Ideen nicht blos das Material sein zu sollen, aus dem das unmittelbare Leben seinen Inhalt entwickelt, sondern formgebende, determinierende Prinzipien dieses Lebens.

Welche Rolle spielt dann das unmittelbare Leben in Bezug auf dieselben? Durch das unmittelbare Leben erlangt man die Ueberzeugung und die Gewissheit von den realen Ideen und ihrer Entwicklung. Diese Ueberzeugung und Gewissheit aber sind nur möglich, wenn es ein absolutes Prinzip in dem unmittelbaren Leben giebt [2]). Dieses findet Newman in dem organum investigandi, einem Organon, das, wenn es nicht durch das durchschnittliche Kulturleben abgestumpft und getrübt wird, den Menschen durchaus befähigt die feststehenden und sich realisierenden Wahrheiten zu erkennen: die Wahrnehmung der Pflicht und der Glaube an sie, die Realität und der Wert des moralischen und religiösen Lebens.

Aber dieses Organon ist eine Form, eine Methode, ihr Inhalt muss von aussen erlangt werden. Es findet den nötigen Inhalt in den Ideen und Wahrheiten der Geschichte. Diese Wahrheiten oder Ideen werden jedoch von Newman

---

[1]) Newman's Gedanken über reale Ideen zeigen Einflüsse, welche nur auf seine klassischen Studien, besonders Plato, zurückgehen können. Die Wahrheit scheint bei Newman in realen Ideen zu liegen, die von der Gottheit stammen und sich den Seelen der Menschen einprägen, in denen sie sich entwickeln. Unglücklicherweise führt sein Mangel an philosophischen Unterscheidungen zu vielen Gedankenverwirrungen. So wird z. B. kein bestimmter Unterschied zwischen den realen Ideen und den Urteilen und Meinungen des menschlichen Verstandes gemacht. Die Thatsache, dass Newman sich auf die Ideen des Christentums und auf die christliche Ethik beschränkte, macht es unmöglich aus seinen Schriften irgend etwas herauszuheben, was einer Metaphysik gliche.

[2]) Essay, p. 499.

in Bezug auf Zahl und Inhalt beschränkt, und sie offenbaren sich vollständig erst in und durch das Christentum: seitdem diese Ideen zum erstenmale objektiv wurden, haben sie dem Menschen ihre vollständige Bedeutung langsam im Prozesse der historischen Entwicklung entfaltet.

So ordnet sich für Newman die Philosophie des Glaubens dem Glauben an das Christentum unter. Die Wahrheiten des Christentums keimen und wachsen spontan in und durch solche Menschen, welche dieselben als reale und nicht als scheinbare Wahrheiten erkannt haben. Da die Ueberzeugung von der Wahrheit und Realität dieser Ideen und ihrer Entwicklung nicht auf intellektuellen Gründen beruht, sondern auf dem ganzen unmittelbaren Leben, so ist es für den Menschen Pflicht und Notwendigkeit die wahre Natur des unmittelbaren Lebens zu entdecken und zu erkennen, dasselbe zu entwickeln und zu stärken. Durch das organum investigandi, das als Gewissen und als ableitender Sinn wirkt, gewinnt das unmittelbare Leben diese entwickelten und sich fort entwickelnden Ideen oder Wahrheiten; es ist jedoch nicht das unmittelbare Leben, welches sich entwickelt, sondern die Ideen oder die Wahrheiten.

Diese Ideen oder Wahrheiten tragen die Beweise dafür in sich, dass sie die einzig wahren und realen Ideen sind. Diese Beweise oder Merkmale sind diejenigen, welche sich im Laufe der Entwicklung dieser Ideen in der Geschichte zeigen. In dem Verhältnisse zwischen dem unmittelbaren Leben und der Geschichte sind zwei Grundprinzipien zu bemerken, erstens die Autorität, zweitens die Wahrscheinlichkeit.

Das erste regiert die wahre Entwicklung in der Geschichte, und durch seine Mittel ist der wahre Inhalt in dem unmittelbaren Leben gegeben. Das zweite setzt durch Anhäufung von Beweisen, welche sich einzeln nicht evident machen lassen, das unmittelbare Leben in den Stand, Gewissheit von der Wahrheit des Inhalts zu erreichen, der sich entwickelt hat und sich weiter entwickelt. Vor dem Christentume war das Gewissen die Autorität, durch welche die wahre Entwicklung bestimmt war. Nach dem Auftreten des Christentums nahm die Kirche die Stelle des Gewissens als die Hauptautorität ein.

Was ist aber das Ergebnis solch' einer Beziehung des unmittelbaren Lebens zu der Geschichte? Wird nicht dadurch das unmittelbare Leben zu einem passiven Gefäss, das mit einem vollständigen Apparat versehen ist, um einen gewissen, man möchte fast sagen, bestimmten und fertigen Inhalt aufzunehmen?

Das unmittelbare Leben hat ein bestimmtes Organon, durch welches dasselbe gewisse, bestimmte Wahrheiten erwerben kann, die für Newman unter unfehlbarer Leitung und Autorität stehen. Wird nicht dadurch das unmittelbare Leben seiner Initiative beraubt, jener Unabhängigkeit des Denkens und Lebens, welche immer als seine Eigentümlichkeit, als sein Ruhm und seine Stärke angesehen worden ist? Was wird oder kann aus dem unmittelbaren Leben werden, wenn seine kritische Funktion auf diese Weise abgeschnitten oder auf ein Minimum zurückgeführt wird?

Kann der Mensch jemals erwarten feste Resultate zu erlangen und zu erreichen, wenn das grösste geistige Vorrecht des unmittelbaren Lebens, die Kritik, nicht auf alle Fälle intakt erhalten wird? Wenn das kritische Verfahren nicht genährt und bei jedem Schritte der Forschung angewandt wird, müssen wir dann nicht in der That, wie das die vorkantische Philosophie beweist, entweder dem Dogmatismus oder dem Skeptizismus verfallen?

Ohne Zweifel hängt das unmittelbare Leben in Bezug auf den Stoff seines Inhalts ab von der Geschichte und der Gesellschaft, von der Umgebung und den Umständen; dieser Stoff ist aber nicht der Inhalt selbst. In der Erfahrung, in dem Urchristentume liegen viele Elemente vor, diese sind die Bedingungen der Erkenntnis und der Religion; das unmittelbare Leben muss sie aber aufnehmen, muss sie verarbeiten, vereinigen, muss sie zu einem lebendigen harmonischen Ganzen bilden, das einen wirklichen Teil seiner Einheit ausmacht. Das gesetzmässige Funktionieren der Persönlichkeit, ob es nun als Intellekt oder als Wille sich äussert, deshalb einzuschränken, weil dasselbe von Natur der Autorität kritisch gegenübersteht oder sich dem Aufdrängen unbegründeter Meinungen widersetzt, ist sicher eine Verletzung des höchsten Attributes der Persönlichkeit, nämlich der Freiheit. Solch' ein Verfahren könnte die Persönlichkeit unterjochen, sie mit religiösem oder anderem Inhalt füllen, aber würde das nicht auf Kosten jeder zukünftigen Energie und jedes Wunsches geschehen, auf Kosten allen Strebens und Ringens nach geistigem Leben, nach Moralität, ja nach allem, was Wert und Bedeutung hat?

Wenn die Persönlichkeit als selbständiges Prinzip fortzuerklären versucht wird, wenn man sie als ein blosses Produkt der Triebe, der Vererbung, der Umgebung und dergleichen

betrachtet, muss man dann nicht auch sagen, dass die absolute Unterwerfung derselben unter eine äussere Autorität
ebenso die Tendenz hat, sie zu einem kahlen Mechanismus,
zu einem blossen Automaten zu machen? Wenn die
Persönlichkeit, oder das unmittelbare Leben, ein absolut
innerliches Element besitzt, so kann das nicht von aussen
entfaltet werden. Der Impuls kann von aussen kommen,
aber die Entwicklung der inneren Potenzialität der Persönlichkeit muss zuerst und vor allem durch die Persönlichkeit
selbst geschehen. Was auch immer mithelfen mag, die Umgebung, die Umstände, die Offenbarung usw., sie sind nur
sekundär, sie sind nichts bis sie von der Persönlichkeit
aufgenommen und assimiliert worden sind. Die Persönlichkeit muss ihre Erlösung selbst erarbeiten. Das Zentrum
nach aussen verlegen heisst, eine Umwälzung vornehmen,
die voll von Unheil ist. Kurz, müssen wir nicht sagen,
dass die Geschichte nur die Gelegenheit, und dass das
unmittelbare Leben der letzte Grund ist, und nicht das
Gegenteil, was Newman zu behaupten scheint?

Jedoch wird Newman's Gedankengang so vollständig
von der äusseren Autorität durchdrungen und beherrscht,
dass seine Untersuchungen über die Wahrheit und Giltigkeit der Lehren sich unvermeidlich in ein Suchen nach
einer Autorität verwandelt, die an sich selbst augenscheinlich
ist. Die heutige Zivilisation, welche bewiesenen Glauben
anstatt unmittelbaren Glauben verlangt, verwirft er: die
philosophischen Methoden, welche die Geltung der Autorität
kritisch prüfen möchten, bezeichnet er als gefährlich; sie
ertöten das Gewissen, die Moral und die Religion in dem
Menschen.

In seiner Abhandlung über die Entwicklung untersuchte
Newman den religiösen „Glauben in der Gesellschaft", in
seiner Abhandlung über die Zustimmung, „den religiösen
Glauben in dem Individuum;" in der ersteren beschränkte er
sich auf die Entwicklung der christlichen Lehre in der Gesellschaft; in der letzteren wird eine feine und scharfsinnige
psychologische Analyse des Glaubens gegeben; die Gesetze
und Bedingungen des Glaubens werden im allgemeinen
untersucht, aber nicht die Prinzipien der Geltung des
Glaubensinhaltes. Newman giebt einen vollständigen Bericht
über die Bedingungen des Ursprungs und Wachsens des
Glaubens als eines allgemeinen Phänomens, aber nicht über
den logischen Wert dieses besonderen Glaubens oder dieser
besonderen Zustimmung. Aber Newman's Stellung würde
nichts destoweniger viel für sich gehabt haben, wenn er

bei ihr stehen geblieben wäre und nicht den Inhalt und
die Geltung der Ueberzeugung in einer äusseren Autorität
gesucht hätte.

Behaupten, wie Newman es that, dass der Glaube nicht
zum Wissen umgewandelt werden kann, dass Religion und
Moralität die Grundlagen der wahren Weltanschauung sind,
dass die Bedeutung der Gewissheit in der Moral, dem
Religiösen und dem Konkreten überhaupt nicht durch ein
Studium des Erkennens für sich gewonnen wird, sondern
nur durch ein Studium des psychischen Lebens als eines
Ganzen, und des Entwicklungsganges dieses Lebens in der
Geschichte, heisst einen Standpunkt vertreten, der heute
das Denken und die Erwägungen der hervorragendsten
Denker, sowohl in England, als in Deutschland, beherrscht[1]).
Indem wir diesen Gegenstand verlassen, wenden wir uns
zu der zweiten Frage, welche Newman's Gedankengang
an die Hand giebt: Hat er den Kern der Geschichte richtig
erfasst? Der Kern der Geschichte war für Newman das
Christentum, näher die Entwicklung desselben aus einer Idee
zu einer Institution.

„Das Urchristentum," sagt er uns, „kam in die Welt
mehr als eine Idee, denn als Institution, und musste sich
selbst mit einer Hülle umgeben, sich mit Rüstzeug versehen, musste sich selbst die Mittel und Methoden für sein
Gedeihen und seinen Eroberungszug bereiten"[2]). In der
Institution, nämlich in der katholischen Kirche, zu welcher
sich nach Newman die christliche entwickelte, ist das geistig
Wertvolle zu finden.

Aber wir fragen, ist es möglich den Kern der Geschichte in einem Bruchteil derselben zu finden und zu verstehen? Allerdings glaubte Newman an eine Entwicklung
in der ganzen Geschichte, aber diese Entwicklung war in
seiner Fassung beschränkt, willkürlich und unzulänglich.
So beschränkt sich Newman bei der Schilderung der natürlichen Religion, die er für eine Vorbereitung des offenbarten
erklärte, auf solche Religionen, die in barbarischen Zeiten
entstanden sind; Religionen, wie die Griechenlands, Roms
und der Aufklärung, will er nicht anerkennen, denn sie
sind künstliche Produkte der Zivilisation: sie entspringen
einer einseitigen Entwicklung des Geistes, nämlich des In-
tellektes, und sie widersprechen Autoritäten, die höheren

---

[1]) Ich brauche nur auf solche bekannte Denker wie Eucken, Paulsen,
Wundt in Deutschland, Bradley, die beiden Brüder Seth in England und
James in Amerika zu verweisen.
[2]) Essay, on Development p. 77.

Wert besitzen, als sie selbst[1]). Aber die ganze griechische oder römische Religion als Verfälschung oder Entartung darstellen, heisst sicherlich die Geschichte falsch darstellen und die Entwicklung missverstehen.

Wie ist eine Entwicklung möglich, wenn die Geschichte keine Einheit bildet? Und wenn sie eine Einheit ist, wie kann die Entwicklung erst mit dem Auftreten gewisser Wahrheiten und Ideen beginnen und sich auf gewisse willkürliche Grenzen beschränken?

Wenn einerseits das Höhere nicht durch das Niedrigere ausgelegt werden kann, so muss andererseits zugegeben werden, dass ebenso wenig das erstere ohne das letztere erklärt werden kann. Das Wort der Naturwissenschaften „natura non facit saltus" muss sicher ebenso streng von der Entwicklung in der Geschichte aufrecht erhalten werden. Dass die christliche Idee nicht unabhängig von der volkswirtschaftlichen Grundlage in der Gesellschaft keimen, wachsen und sich vervollkommnen konnte, gesteht Newman zu und versucht es zu erklären. Müssen wir aber nicht weiter gehen als Newman? Müssen wir nicht sagen, dass diese Grundlage die notwendige Vorbereitung und Begleiterscheinung der christlichen Idee ist? Und, wenn es so ist, zeigt dann die Geschichte nicht, dass sie ein grosses, unabhängiges Ganze ist, von dem jeder Teil seinen Einfluss auf den andern gehabt hat oder hat? Ist sie nicht ein Organismus, von dem kein Bruchteil oder Abschnitt losgelöst werden kann, ohne dass er selbst und auch das Ganze gefährdet wird? Dabei sei gern zugestanden, dass Newman mit Recht bestritt, dass die Geschichte nach irgend einer bestimmten Norm ausgelegt werden müsste. Wenn aber die Geschichte nur eine blos äussere Vereinigung oder Aufeinanderfolge von Thatsachen ist, dann besitzt sie für die Gegenwart keinen Wert.

Newman's Massstab aber ist eine entwickelte und sich weiter entwickelnde Institution; und anomaler Weise ist er der unfehlbare Massstab und Führer seiner eigenen Entwicklung gewesen. Ausserdem war Newman kein vorurteilsloser Kritiker: er kannte nur einen grossen Wendepunkt in der Geschichte, und das war das Auftreten des Christentums. Das Judentum ausgenommen, das er als die historische Vorbereitung des Christentums ansah, macht er keinen konsequenten Versuch, den Ursprung, die Entwicklung und die Bedeutung der anderen grossen Weltreligionen zu verstehen:

---

[1]) Essay, p. 396.

er scheint es für ausgemacht angesehen zu haben, dass sie grundverkehrte Entwicklungen waren. So ist seine Theorie der Entwicklung kein Versuch die Geschichte im allgemeinen zu erklären, sondern die Verteidigung einer speziellen Hypothese.

Ferner ist diese Theorie als logisch und abstrakt, nicht biologisch und historisch oder real ·bezeichnet und angegriffen worden, als die Darstellung einer geschaffenen Gesellschaft und nicht einer schaffenden Persönlichkeit. Eine gleiche Kritik würde die Merkmale und Zeugnisse[1]) angreifen, welche hier die wahre Entwicklung charakterisieren: sie sind formell, abstrakt und willkürlich, sie sind nicht von einem gemeinsamen Prinzip abhängig und scheinen deshalb blosse Annahmen zu sein. Aber selbst wenn man nach diesen Merkmalen urteilt, so ist das äusserste, was sie zeigen können, dass der in Rede stehende Glaube eine grosse Konsequenz zeigt. Das berührt indes nicht die Frage nach der Wahrheit und Geltung desselben. Dies ist aber nur ein Beispiel von dem, was bei Newman der Haupttrugschluss zu sein scheint. Es ist immer die Thatfrage, welche die Grundlage des Beweises bildet, nicht die Rechtsfrage. Wenn man so z. B. fragt, was die Begründung der Berufung auf die Geschichte ist, so werden als Antwort die Thatsachen eines gewissen Teils der Geschichte gegeben. Erst der Anspruch einer unfehlbaren Wahrheit derselben führt zur Aufwerfung der Rechtsfrage Newman's. Seine Vorstellung von dem Kerne der Geschichte war eine natürliche und logische Folge seines historischen und allgemeinen Skeptizismus. Für ihn war die Religion nicht auf ein wissenschaftliches System zurückführbar. Sich allein der Führung des Wissens überlassen, hiess in den äussersten Skeptizismus verfallen. Die Geschichte gewährt genug Beispiele von den Folgen einer solchen einseitigen Verstandesentwicklung. In der Religion und in der Moral werden die Menschen nicht durch Methoden des Intellekts überzeugt und sind niemals von ihnen überzeugt worden.

„Das Leben einer Pflanze", sagt Newman, „ist nicht dasselbe, wie das Leben eines beseelten Wesens, und das Leben des Körpers ist nicht dasselbe, wie das Leben des Intellekts; auch ist das Leben des Intellekts nicht dasselbe, wie das Leben der Gnade (das religiöse Leben), noch ist auch das Leben der Kirche dasselbe, wie das des Staates."

---

[1]) Christ in Modern Theology A. M. Fairbairn, 5. Auf. 1894, p. 34.

Newman pflegte mit Jacobi[1]) zu sagen, dass er in Beziehung auf seinen Verstand Atheist wäre. Dazu stimmt vollständig die Thatsache, dass die sogenannten Beweise für die Existenz Gottes keinen tiefen und dauernden Einfluss auf ihn hatten. Die ganze Metaphysik wird von ihm, da sie ihren Ursprung allein im Intellekte hat, als ein ratloses Spiel von für und gegen angesehen; sie will immer ihr Ziel erreichen und erreicht es niemals.

Wo immer das transzendentale Prinzip im Menschen aus dem Auge verloren, oder durch blosse Erkenntnis erklärt zu werden versucht wird, da entsteht eitles Philosophieren, was weiter nichts ist als eine Einbildung des Ich.

Newman's Theorie der Entwicklung war keine blosse Spekulation; sie war, wie wohl bemerkt worden ist, ganz wörtlich die Logik einer Bekehrung, die persönliche Entwicklung des Mannes in einer langen Reihe von Jahren. Das geistig Wertvolle konnte er weder in der Persönlichkeit, noch in der Gesellschaft oder in der Geschichte überhaupt finden: er konnte es nur in jener objektiven, historischen Institution der Kirche finden.

Das führt uns auf die dritte Frage, welche Newman's Gedankengang anregt: liegt das geistig Wertvolle in der Kirche?

Newman glaubte nicht an die moralische und religiöse Potenzialität der nicht unterstützten Persönlichkeit: er glaubte, dass der Mensch ohne höhere Leitung dauernd dem Skeptizismus verfallen würde. Ja er fand, dass die Naturwissenschaften und die Betrachtung der Welt an sich mehr mit dem Atheismus als mit dem Theismus im Einklange stände.

Sein Studium und seine Analysis der Persönlichkeit zeigte ihm, dass der Mensch, das Individuum, überzeugt wird und Gewissheit erlangt; aber eine solche Ueberzeugung und Gewissheit ist, abgesehen von abstrakten Demonstrationen, niemals objektiv, denn sie enthält immer mehr oder weniger persönliche Elemente, nämlich die primären subjektiven, welche die letzten Unterscheidungsgründe zwischen individuellen Persönlichkeiten sind. Das letzte Kriterium, das die Harmonisierung der primären Unterschiede und die Aufstellung des gemeinsamen Ideals für alle ist, muss dann also in einer höheren Autorität als in der Persönlichkeit gesucht werden: um dem Subjektivismus zu entgehen, muss der Mensch über die Persönlichkeit hinausgehen. Jene höhere Autorität, welche zugleich das letzte Kriterium der

---

[1]) Jacobi Werke I, 367.

Wahrheit und die höchste ideale Realität ist, fand Newman in einer historisch entwickelten Form, jener bestimmten Form der christlichen Religion, die unter dem Namen der katholischen bekannt ist. Dieses Ideal oder dies geistig Wertvolle bestand aus einem System von Lehren oder Wahrheiten, die im Urchristentume gelehrt wurden oder enthalten waren, und in und durch diese historische Institution entwickelt und bewahrt wurden. Sind aber nicht Institutionen historische Entwicklungen? Sind sie nicht Krystallisationen oder Verkörperungen von Ideen? Und wenn sie das sind, so müssen die Ideen zuerst erkannt und assimiliert werden, ehe sie sich krystallisieren. Eine Gesellschaft oder ein Mensch ist nicht das Produkt von Institutionen, sondern vielmehr umgekehrt. Nicht einmal Ideen und noch viel weniger Institutionen können Wurzel fassen, wenn ein Volk oder ein Individuum ungenügend entwickelt ist, um sie schätzen zu können, und dasselbe gilt sicher auch, wenn sie ihnen entwachsen sind.

Die ewigen Wahrheiten sind es, die leben, nicht die Institutionen: Institutionen schaffen heisst, Wahrheiten systematisch darstellen, wie sie in einer bestimmten Zeit der historischen Entwicklung der Menschen erscheinen; aber wofern der Fortschritt nicht ein blosser Zirkel ist, und nicht eine Spirale, so müssen diese Systeme veralten: sie müssen das thun, weil systematisieren anordnen heisst, was zu irgend einer Zeit als absolute und endgiltige Wahrheit angesehen wird. Das scheint der Unterschied zwischen Jesus und den Philosophen des Altertums und des Mittelalters zu sein. Jesus gab Wahrheiten, die Philosophen schufen Systeme. Seine Lehre ist immer lebendig, ihre ist veraltet, weil sie einen bestimmten Inhalt als endgiltig darstellen. (Es handelt sich hier übrigens nicht um die Frage, ob das geistig Wertvolle vornehmlich in der Lehre Jesu liegt.) Aeussere Macht und Autorität sind nützlich, ob sie nun in der Form von Institutionen, Gesetzen oder Grundsätzen auftreten; kann man aber sagen, dass sie die Grundwahrheiten geben? Sie sind ihr Ausdruck; sie bringen sie aber nicht hervor. Sie sind selbstverständlich, aber nur deshalb, weil sie das ausdrücken und verkörpern, was dem Volke oder der Gesellschaft als einem Ganzen selbstverständlich geworden ist. Ein Volk oder ein Individuum erhebt sich zu einer Idee oder Wahrheit, und dann folgt von selbst die Entwicklung der Institution nach. Auch scheint es nicht möglich zu sein zu behaupten, dass der Mensch das geistig Wertvolle entweder in der Geschichte oder in dem empirischen, psychologischen Leben findet. Denn die Geschichte ist auch nur die Lebensäusserung eines Volkes, nicht das Volk selbst. Durch die Institutionen offenbart sie zu oder in einer gegebenen Zeit die Wahrheiten; sie ist selbst die Schaubühne, die Vermittlung der Ideen, nicht ihre Quelle. Und das empirische psychische Leben ist das Leben des Augenblickes; es hat die Tendenz das geistige Leben auf eine Aufeinanderfolge zurückzuführen, in der es keine wirkliche Verknüpfung des Voraufgehenden und Nachfolgenden, keine Einheit der inneren Wahrheit und Realität giebt.

Zu behaupten also, dass entweder die Geschichte, oder das empirisch psychische Leben das geistig Wertvolle enthält, heisst wohl die That für den Thäter setzen, den Ausdruck für das, was den Ausdruck erst möglich macht; es wäre die Annahme der Erscheinung für die Realität, die Vermischung dessen was ist, mit dem, was sein sollte. Das würde auf einen Fatalismus hinauslaufen, der schliesslich zu einer innern Zerstörung führen müsste.

Andererseits ist es ebenso verhängnisvoll das geistig Wertvolle allein durch Ideen zu erklären. Hegel's Philosophie ist sicher ein bleibender Beweis der Thatsache, dass es möglich ist das Universum und seine Entwicklung in Begriffe zu fassen und doch nicht zu einem substantiellen geistigen Leben zu gelangen: wie man denn sogar mit einem starken Ausdruck die Philosophie Hegel's als ein Ballet blutloser Kategorieen bezeichnet hat[1]). Die Grundwahrheiten, in welchen das geistig Wertvolle liegt, müssen in der einen oder anderen Form, in dem einen oder anderen Grade, in und durch die Persönlichkeit des Menschen leben. Denn wie könnte sich das geistig Wertvolle anders realisieren, wie könnte es lebendig und konkret werden, als durch das Individuum? Oder, um es von dem entgegengesetzten Standpunkte auszudrücken: „Wie könnte das Individuum, klein und bedingt, wie sein natürliches Dasein es zeigt, dem Ganzen der Gesellschaft entgegentreten, hätte es nicht einen Rückhalt, und wo anders könnte sich dieser finden, als in einem unmittelbaren Verhältnis zum grossen All, zu den schaffenden Quellen des Lebens, mag das nun eine mehr spekulative oder künstlerische, oder religiöse Gestalt annehmen[2])". Diese reziproke Beziehung und Verbindung ist der Grund alles geistigen Strebens und Lebens der Menschheit.

---

[1]) Selbstverständlich wollen wir damit nicht ein abschliessendes Urteil über die gesamte Leistung Hegel's fällen.
[2]) Eucken, Grundbegriffe der Gegenwart, 2. Aufl., S. 189.

Den festen Punkt der Gewissheit konnte Newman aber nicht in sich finden [1], nach ihm enthielt die Persönlichkeit nicht den ewigen Grund moralischer und religiöser Gewissheit, sondern dieser kam von aussen, durch das autoritative Gewissen zur Zeit der natürlichen Religion, und durch die autoritative Kirche zur Zeit der offenbarten. Bei Newman war es also nicht das geistig Wertvolle, das sich in und durch das unmittelbare Leben zeigte, sondern nur die Gewissheit des geistig Wertvollen. Das Wertvolle selbst war nicht das Produkt oder die Wirkung, sozusagen, einer ringenden Geistesarbeit des Individuums, welche ihm seine Ueberlegenheit über seine Umgebung, über die äusseren Umstände, die Geschichte und die Gesellschaft zeigte, sondern vielmehr eine äussere Ursache, welche selbstgenügsam und vollständig dem rezeptiven Individuum einen Inhalt gab. Das geistig Wertvolle der Kirche gründet seinen Beweis auf die Autorität, die Autorität der Kirche oder der Bibel. Diese Form des Beweises ist aber nicht überzeugend; sie ist ebenso schlagend in den Händen des Buddhisten oder Muhamedaners, als in denen des Christen.

Aber wenn auch Newman's Theorie der religiösen Gewissheit die schwersten Bedenken hervorruft, so darf man nicht übersehen, dass sie Grundsätze betonte, die man ausser Acht gelassen oder forterklärt hatte. Wenn wir uns entschliessen, die Thatsache bei Seite zu lassen, dass Newman eine Verteidigung seines religiösen Dogmatismus schrieb, dass der Gebrauch seiner Theorie beschränkt und gezwungen war, infolge des kirchlichen Glaubens in dessen Sphäre sich sein Leben und Denken bewegte, so bleibt manches übrig, was als bleibend wertvoll betrachtet werden kann.

Dieser Rest, welchen man als den Kern von Newman's Denken bezeichnen kann, ist schon in dem Voraufgehenden angedeutet worden. Wenn Newman behauptet, dass der Glaube nicht zu einer Erkenntnis des Verstandes gemacht werden kann, so gab er damit einem Gedanken Ausdruck, der heute fast ein Gemeinplatz philosophischen Denkens ist. Die gemeinsame Grundlage dieses allgemein angenommenen

---

[1] Es ist interessant zu sehen, was Hegel, der zur Zeit dieser katholischen Bewegung schrieb, von solchen Männern wie Newman sagte. In seiner Rechtsphilosophie S. 209 (ed. I.) sagt er: „Wenn neuerlich manche Protestanten zur katholischen Kirche übergegangen sind, so geschah es, weil sie ihr Inneres gehaltlos fanden, und nach einem Festen, einem Halt, einer Autorität griffen, wenn es auch eben nicht die Festigkeit der Gedanken war, die sie erhielten."

Gedankens ist der, dass aller Glaube, abgesehen von dem, was seinen Ursprung in den Neigungen und Abneigungen hat, den moralischen Forderungen des Menschen entspringt, seinen Ursprung in dem Willen, nicht in dem Intellekte hat. Es würde nach Kant vollständig unmöglich sein, einem Wesen, das keinen Willen hätte, sondern nur reiner Verstand wäre, die Bedeutung oder auch nur den Begriff von einem Reiche der Zwecke oder von einer moralischen Weltordnung klar zu machen. Solch' eine Idee würde nicht in seinem Bewusstsein aufsteigen, denn für ihn würde es kein gut und kein schlecht, keine unerfüllten Ideale geben. Seine Weltanschauung würde der reine Intellektualismus eines Spinoza sein, in dem alles mit logischer Notwendigkeit aus der ersten Ursache folgt, und in welchem deshalb alles, was als Wollen und Fühlen bekannt ist, nur mechanische Prozesse sind, denn sie bilden hier eine endlose Reihe bedingter Ursachen.

Von einem solchen Gesichtspunkte ist es notwendig, die Ueberzeugung von der Religion und die Gewissheit über den Inhalt der Religion als auf dem Willen begründet anzusehen. Der Zweifel wird in solchen Fällen nur durch das energische Geltendmachen der ethischen und religiösen Forderungen des Willens verschoben und abgewiesen. Solche Gedanken erzeugen notwendigerweise scharfe Unterscheidungen zwischen Denken, Wollen und Fühlen, dem Intellektuellen, Moralischen und dem Affektiven im Menschen; und demgemäss zwischen dem Logischen und Objektiven und dem Psychologischen und Subjektiven. Aber damit entsteht eine neue Gefahr. Bei so tief gehenden Unterschieden ist es unmöglich, der Moral und den Religionen, dem Glauben und seinem Inhalt volle Realität und Objektivität zuzuschreiben. Der Inhalt des Glaubens droht in die Sphäre des Subjektiven und der Phänomene zu fallen. Und wenn man den Versuch macht ihre Realität zu retten durch eine Beurteilung ihres Wertes, so gesteht man damit ein, dass die Realität im Reiche der reinen Vernunft eine andere ist, als in der des Glaubens; selbst wenn das der Fall sein sollte, so ist die letzte Einheit sicher nicht nur nicht erreichbar, sondern überhaupt nicht vorhanden.

So muss man vorsichtig sein, diese Unterscheidungen nicht zu weit zu treiben und nicht den Menschen wie die Wirklichkeit in getrennte Stücke zu spalten. Das Leben ist sicher nicht blosses Denken, aber auch nicht blosses Wollen, oder Fühlen, noch die blosse Addition dieser drei: es zeigt alle diese Seiten oder Erscheinungsformen, aber weist es nicht, indem es das thut, auf eine Einheit, die mehr ist als jede einzelne derselben oder alle drei? Auch scheint es nicht richtig zu sein, unser Leben durch irgend eine dieser drei Erscheinungsformen zu erklären. Der Versuch, das Denken von der augenscheinlichen Einheit des Lebens im Menschen zu isolieren, scheint logisch leere Abstraktion zur Folge zu haben. Ein gleicher Versuch in Bezug auf den Willen und das Gefühl scheint auf eine unbewusste Kraft oder einen blinden Impuls als die Quelle aller Quellen hinauszugehen.

Aber so leicht und bequem lässt sich nicht das Leben der Persönlichkeit erklären! Aus einer Anzahl abstrakter Begriffe kann keine Persönlichkeit konstruiert werden. Es ist mehr als ein empirisches, psychisches Leben, in dem, wie Kant zeigte, alles in einer notwendigen Verkettung von Ursache und Wirkung steht, und in dem folglich alles, was der Mensch ist, oder was er sein wird, durch die Bedingungen der Umgebung, der Erziehung, der Vererbung und dergleichen, unter welchen sich das Leben entwickelt, vollständig erklärt werden kann.

Beweist nicht die Geschichte der Persönlichkeit, dass sie die Potenzialität eines höheren Lebens besitzt? Sicher deutet das Kämpfen und Streben nach einer ewigen Gestalt, nach festen Wahrheiten, das alle Zeiten charakterisiert hat, auf ein ganz anderes Leben als das, welches man in dem blos empirischen Leben findet. Wenn die Persönlichkeit nicht die Möglichkeit einer letzten Realität hat, ja wenn sie nicht in einem gewissen Grade Anteil an jener Realität besitzt, ist es dann nicht unbegreifbar, wie die Sehnsucht nach einer Objektivität oder nach einem Inhalt und die ewige Geistesarbeit in dieser Richtung entstehen konnte? In diesen Kämpfen und Streben des Lebens der Persönlichkeit nach Realität sieht der Mensch das höchste Ideal, das Ende und das Ziel des Weltalls, das geistig Wertvolle, das den Inhalt und die Bedeutung der Religion ausmacht, denn die Religion ist nicht eine Lehre oder ein dogmatisches System, aber auch kein blosses Wollen, sondern ein Leben. Die Religion muss mit der Ausbildung eines persönlichen Lebens, mit seinen Schicksalen und Erfahrungen fest verbunden sein, wenn sie sich·überhaupt soll darthun lassen.

Es muss hier genügen die Richtung, in der die Lösung liegt, anzudeuten, denn mehr zu versuchen, würde ausserhalb des Rahmens und des Zwecks dieser Arbeit liegen.

Litteratur-Verzeichnis*).

Oxford University Sermons.

Essay on the Development of Christian Doctrine.

Apologia Pro Sua Vita.

Essay in Aid of a Grammar of Assent.

Cardinal Newman R. H. Hutton, 1891.

The Oxford Movement R. W. Church D. C. L., 1891.

An Agnostic's Apology Leslie Stephen, 1893.

Deutsche Rundschau, Januar—März 1891.

John Henry Newman. — In Memoriam.

---

*) Es ist nicht notwendig, die anderen Schriften Newman's zu zitieren, da in den zitierten seine Meinungen über religiöse Gewissheit vollständig enthalten sind.

Vita.

Ich, Archibald Oswald MacRae, wurde, am
11. Oktober 1870, zu St. Johns in Newfoundland, geboren.

Ich besuchte die „Grammar School" zu St. Johns drei
Jahre lang, und dann die „Pictou Academy" in Neu
Schottland.

Im Jahre 1887 wurde ich an der Dalhousie Universität
zu Halifax in Canada immatrikuliert, wo ich mich 4 Jahre
lang dem Studium der Sprachen, der Mathematik, Philosophie und Geschichte widmete und im April 1891 mein
Baccalaureatsexamen bestand.

Nachdem ich einige Jahre Lehrer gewesen war, bezog
ich die Universität Edinburgh in Schottland und studierte
Philosophie unter den Professoren Seth und Calderwood
und Theologie unter Professor Flint.

Im Sommer-Semester 1896 studierte ich in Jena. Im
folgenden Sommer-Semester studierte ich in Leipzig und
kehrte im Herbst 1897 nach Jena zurück.

In Leipzig hörte ich bei den Professoren Gregory,
Heirze, Marks, Volkelt, Wülker, und in Jena waren
meine Lehrer die Professoren: Eucken, Erhardt,
Gaedechens, Liebmann, Regel, Rein, Wendt und
Privatdozent Dr. Weber.

Allen meinen verehrten Lehrern spreche ich an dieser
Stelle meinen herzlichen Dank aus, insbesondere fühle ich
mich Herrn Prof. Eucken zu Dank verpflichtet.